P9-CBT-621

Prólogo por George Weigel

El papa
y
el ejecutivo

Juan Pablo II, su ejemplo de liderazgo
en un joven guardia Suizo

Andreas Widmer

Prólogo por George Weigel

El papa

y

el ejecutivo

Juan Pablo II, su ejemplo de liderazgo
en un joven guardia Suizo

Andreas Widmer

EMMAUS
ROAD
PUBLISHING

Steubenville, OH
Una división de Catholics United for the Faith
emmausroad.org

Editorial Emaús
827 North Fourth Street
Steubenville, OH 43952

© 2011 por Andreas Widmer
Derechos reservados – Publicado 2011
Impreso en los Estados Unidos de América
16 15 14 13   1 2 3 4

Numero de control de la Biblioteca del Congreso
ISBN: 978-1-937155-17-9

A menos que se indique lo contrario, Los pasajes bíblicos contenidos en esta obra
fueron tomados de La Biblia Latinoamérica, Edición revisada 1995, XXXVI edición,
San Pablo Editorial Verbo Divino

Nueva Versión Internacional de la Sagrada Biblia®
NIV® Copyright ©1973, 1978, 1984, 2011 por Bíblica Inc.™
Usado con permiso. Todos los derechos reservados a nivel mundial.

Versión Estándar de la Biblia Revisada – Segunda Edición Católica (Edición Ignatius)
Derechos de Autor © 2006 Concilio Nacional de las Iglesias de Cristo en los
Estados Unidos de América. Usado con permiso. Todos los derechos reservados para esta obra.

Cubierta del libro diseñada por:
Karen Rabensteiner

Arreglo y Diseño Literario por:
Teresa Westling

Imagen de la Cubierta:
Servizio Fotografico-L'Osservatore Romano
Michelle Widmer-Schultz Photography

Para Michelle y Elías
y en honor del papa San Juan Pablo II

Índice

Prólogo

E l 8 de abril del 2005, al iniciar su reportaje sobre la misa del funeral del Papa Juan Pablo II, Brian Williams, reportero de la cadena televisiva NBC, introdujo a sus televidentes a estas exequias y las califico como "el evento humano de una generación." Fue una frase acertada, no sólo por las grandes multitudes que habían acudido a Roma para despedir a Juan Pablo II, sino por el hecho de que Juan Pablo II había tocado a una infinidad de vidas humanas con su espectro de humanidad durante sus veintiséis y medio años como obispo de Roma.

La de Andreas Widmer fué una de las vidas que Juan Pablo II tocó. La historia de Andreas es una historia convincente y fascinante de fe, de éxito, de derrotas, cambio y el descubrimiento de lo que es verdaderamente importante en una vida humana genuina. Sin embargo, dejaré que él mismo relate esa historia en el libro estupendo que usted esta por leer. En mi calidad como biógrafo oficial de Juan Pablo II, me gustaría enfocarme en varias ideas clave del difunto papa; ideas que Andreas Widmer captó (a veces forzado por las circunstancias) las cuales ahora él desea compartir con otras personas.

La primera de estas Grandes Ideas es que la vida es vocacional. La palabra "vocación" viene del verbo en Latín *vocare*, "llamar". De ahí que una vocación es un llamado. No es una carrera en el sentido convencional de la palabra. Es una forma de escuchar al llamado de Dios, en una primera instancia, y después el de discernir ese propósito único que Dios tiene para nuestra vida. Juan Pablo II estaba convencido de que cada vida humana es un drama, una comedia vocacional dramatizada en múltiples actos que se van sucediendo al interior del drama cósmico más amplio del propósito creativo, redentivo y santificador de Dios. Vivir la vida como un drama vocacional equivale a vivir una vida humana vigorizante y estimulante – es la más grande de las aventuras humanas. Y tal como Juan Pablo demostró y Andreas Widmer aprendió, el trabajo administrativo puede ser una verdadera vocación.

La segunda de esas Grandes Ideas es que todo tiene un propósito, aún aquello que parece suceder casual o accidentalmente. Nada en nuestra vida, solía decir Juan Pablo, es una "coincidencia". Lo que pareciese ser "coincidencia" es realmente un aspecto de la divina providencia que nosotros todavía no comprendemos. Si lográsemos enfocarnos en nuestras vidas usando esa perspectiva nunca nos sentiríamos acosados por la tentación humana más mortal—el aburrimiento.

La tercera de estas Grandes Ideas tiene que ver con las expectativas. A partir de 1990, a menudo se me preguntaba ¿por qué el Papa Juan Pablo II era un verdaero imán para la gente joven. Estoy convencido de que la razón que explicaba su misterioso magnetismo, se resumía en que él no trataba de complacerlos, sino que los retaba. A través de múltiples variaciones sobre el mismo macro tema, el Papa les decía una y otra vez "Nunca se conformen con nada menos que la grandeza moral y espiritual que la gracia de Dios ha hecho posible en sus vidas". Eso los haría fracasar. A todos nos puede suceder. Mas ésta no es razón para reducir la meta de expectativas de ustedes. Levántense, sacúdanse el polvo, busquen el perdón y la reconciliación y vuelvan a tratar. Mas *nunca* se conformen en ser menos que aquél noble ser humano – el líder, el ejemplo – en que ustedes son capaces de convertirse."

Los Cristianos llaman a esa nobleza "santidad," y el reto de luchar por adquirir esa nobleza y santidad que Juan Pablo II nos ofrecía no estaba solamente reservado para la gente joven. ¿Por qué? Porque el ser santo es el destino de toda persona humana, Cristiana y bautizada.

Cuando la Iglesia Católica beatificó a Juan Pablo II el 1o. de Mayo del 2011, profeso y atestiguó públicamente su convicción de que su vida fue una vida llena de virtud heroica, una vida ejemplar digna de que otros la imiten. Al mismo tiempo, la respuesta extraordinaria que Juan Pablo II obtuvo de hombres y mujeres quienes no eran ni Católicos ni Cristianos, ni siquiera creyentes religiosos, sirvió para atestiguar de que una vida santa es una vida humana estimulante y grandiosa. Los santos no fueron hombres y mujeres quienes de alguna forma sobrepasaron la condición humana; los santos fueron hombres y mujeres quienes vivieron plenamente dentro del poder de la gracia.

Andreas Widmer es un hombre honesto, un hombre bondadoso y un hombre ingenioso. Sus reflexiones y consejos sobre lo que él aprendió de quien, tal vez, fue quizás el más grandioso Cristiano de nuestra época, nos sirve a todos como un ejemplo muy poderoso de la verdadera y buena administración ejecutiva en acción.

-George Weigel

George Weigel es un distinguido Senior Fellow del Centro de Ética y Política Pública de Washington, cuya organización preside bajo el el título de Presidente de Estudios Católicos "William E. Simon". Su biografía de dos-volúmenes de Juan Pablo II incluye Witness to Hope (Testigo de la Esperanza—1999) y The End and The Beginning—El Fin y el Principio—2010).

Prefacio

El Papa y el Ejecutivo constituye una guía efectiva para aquéllos que buscan integrar su fe a todos los aspectos de sus vidas. Esta inspirado en el ejemplo del Papa Juan Pablo II. Como Guardia Suizo en mi juventud, tuve él privilegio de vivir muy cerca de él, siendo él uno de los grandes líderes del siglo XX . La sinceridad de Juan Pablo me impresionó, tanto en su fe como en su conducta espiritual y como el integraba esa fe a todos los aspectos de su vida. Su ejemplo tuvo un tremendo efecto en mi vida. Este libro es un esfuerzo para compartir las lecciones que aprendí de su ejemplo, basado primordialmente en mis memorias de Juan Pablo II durante los dos años en que me fue confiada su protección. Tambien recuenta la historia de cómo esas memorias me guiaron mas tarde en mis intentos de vivir mi fe Católica como director ejecutivo y principal administrador de grandes emprendimientos comerciales.

Hay elementos tanto biográficos como autobiográficos en éste libro, situaciones ocasionales que no son mías propiamente o algunas que yo presencié, junto con el resto del mundo, a través del lente de los medios masivos de comunicación. El libro ofrece episodios de la vida de un guardia Suizo en el Vaticano.

La intención de las siguientes páginas, sin embargo, es primordialmente asistir al ejecutivo, administrador, empresario, o propietario de empresas católico a familiarizarse con algunos principios clave y necesarios para llevar a cabo una adecuada y exitosa dirección comercial o empresarial, tal como yo lo hice, aprendiendo este mi camino a los pies de Juan Pablo II. Constituye mi más profundo deseo que algún director de cualquier organización – familia, escuela, iglesia o asociación – que lea este libro, encuentre, en él, una pronta y concreta aplicación a su trabajo y desempeño profesional y se beneficie, de esta manera, con éste libro y sus lecciones. Yo mismo no aprendí esas lecciones de inmediato. Me llevó años descubrir la conexión entre el Papa a quien serví alguna vez y la labor que él realizaba día a día. Tuve que ganar y perder millones de Dólares antes de empezar a comprender las bendiciones que había recibido durante mi estadía y mi paso por el Vaticano y todo lo que aprendí de Juan Pablo II.

Este es aquel libro que yo hubiese deseado que alguien me hubiese dado hace veinte años. Es la respuesta a todas las lecciones que aprendí, a la fuerza, cometiendo mis propios errores. También contiene las lecciones que aún continúo aprendiendo. Todas aquellas que mi razón capta pero que, a la vez, son mas fácilmente comprendidas en teoría que vividas en la práctica.

Cómo usar este libro

El Papa y El Ejecutivo esta dividido en nueve capítulos o lecciones. Cada uno contiene varias historias o reflexiones acerca de Juan Pablo II, así como aplicaciones prácticas y una buena dosis de enseñanzas eclesiásticas. He tratado de conectar la enseñanza de cada capítulo al mundo de los negocios y hacerla tan relevante como es posible a la experiencia de aquéllos que están encargados de dirigir a un grupo de gente, por más grande o pequeño que sea este grupo.

Al final de cada capítulo usted encontrará un ejercicio práctico, una oración o una porción de sabiduría que le ayudará a vivir la enseñanza y lecciones impartidas y aplicarlas a su vida. También encontrarán preguntas para la reflexión con el propósito de ayudar a conectar las lecciones del capítulo con sus propias experiencias. Si a usted le interesa obtener más información sobre el tema, puede visitar nuestra página Web www.thepopeandtheceo.com, en donde encontrará otros ejercicios similares, excelentes ideas y mayor información sobre cada capítulo.

Ahí encontrara buenas sugerencias y recomendaciones sobre lecturas adicionales sobre los temas de cada capítulo. No se tiene que ser un Teólogo o erudito en las Sagradas Escrituras para entender las lecciones de éste libro. No tiene que tener un gran conocimiento sobre las enseñanzas básicas de la fe Católica o sobre Juan Pablo II, aunque por lo regular, nunca esta demás obtener mayor información al respecto. Si usted desea profundizarse en cualquiera de los temas arriba mencionados, las listas de lecturas proporcionadas en esta obra le ayudarán en este cometido.

La influencia de Juan Pablo me hizo comprender que el negocio y la fe van muy unidos – no son opuestos el uno del otro. La empresa puede ser una hermosa escuela de las virtudes y de la fe. Es más, la fe y la virtud naturalmente conducen una empresa o a la economía hacia la prosperidad. El difunto papa es un gran ejemplo e inspiración para los líderes empresariales. Haci fue conmigo y deseo lo mismo para ustedes también.

El papa y yo:
Experiencia de un guardia Suizo

El fin estaba cerca. Yo lo sabía. Esta había sido mi decisión. Aun así yo sentía que aquello ya era una realidad consumada. Los pasados dos años habían sido mi vida, mi hogar, mi propósito y en unos cuantos minutos todo aquello llegaría a su fin.

Otros cuatro guardias también se retiraban del servicio ese mismo día. Todos esperábamos en un cuarto pequeño no lejos de donde el papa tenía sus audiencias de los Miércoles. Podíamos escuchar el ruido de las multitudes, los gritos y aplausos. Pronto él estaría con nosotros, despidiéndonos.

Miré a mí alrededor y vi a mi compañero muy de cerca. Ambos parecíamos seres de otro siglo – producto de una pintura de la época del Renacimiento. Dos años atrás, cuando yo me inicié en la guardia Suiza, el uniforme con sus tiras rojas, azules y amarillas, sus mangas y piernas abulladas, me había parecido extraños y fuera de lugar. Era casi como el uniforme infantil de un niño que jugaba con disfraces. Ahora lo veía familiar, cómodo. Me acostumbré a ese vestuario durante el transcurso de mi servicio. Viviendo y trabajando en la Ciudad del Vaticano me había acostumbrado a todo aquello que en el pasado me habría parecido extraño. Y estaba a punto de abandonarlo todo.

Entonces Juan Pablo II entro.

En los dos años que había yo servido en la Guardia Suiza, había visto y conversado con el Papa Juan Pablo II más veces de las que podía yo contar. Pero ahora, de alguna manera, era diferente.

Esta sería mi última audiencia con él, mi última oportunidad de agradecerle el haberme permitido servirle. Yo estaba nervioso y ansioso acerca del futuro, dudaba y me preguntaba si me había equivocado al tomar la decisión errónea de dejar la guardia, y me sentía ansioso acerca de la persona causante de mi decisión.

Al estar frente al papa, cuando él me vio pretendió estar sorprendido. "Pero, ¿que no acabas de empezar?" Me dijo sonriendo. "¿Cómo es que ya te estas yendo? ¿Será quizás que no te hemos tratado muy bien?"

"Santo Padre, los años están pasando y mi edad esta avanzando rápidamente" fue mi respuesta.

El se volteó y empezó a reír, "¿Pueden creer a este tipo? ¡Haciéndose Viejo! ¿Pues qué edad tienes?"

"Veintidós"

"Estas hablando de vejez cuando aún eres un bebé! Mas, si tienes que irte, te doy mi bendición. ¡Ve y trae a Cristo al mundo!"

Ve y trae a Cristo al mundo. Eso era más que mi plan solamente : como ex-guardia Suizo, era en efecto mi deber.

Como ustedes verán, existe un código de honor en la guardia que viene de varias generaciones atrás. Cuando se compromete uno a éste puesto, el nuevo guardia jura defender al Papa con su propia vida y escudarlo con su propia persona. Cuando el joven regresa al mundo, se sobre-entiende que él continuará escudando al papa, solo que en esta ocasión con su propia persona, por la forma en que conduce su vida.

Tomé la mano del Papa esta última vez, ésta vez con una gran confianza. Sentí que era la confianza de él en mí y en mis compañeros. Le vi a los ojos, aquellos ojos llenos de ternura y felicidad, y pensé que esa sería la última vez que lo haría. Por un instante no quería yo irme. Sentí deseos de llorar. Mas me apresuré a salir del cuarto. Al día siguiente finalice mi servicio activo en la guardia. Me fuí para iniciar lo que el papa me había pedido que hiciese, mas también iba a cumplir lo que bajo juramento yo había prometido al iniciar.

Mas, ¿lo estaba llevando a cabo en realidad? ¿Estaba yo trayendo a Cristo al mundo? ¿Estaba, aquél Santo hombre a quien yo serví, orgulloso de mí con mis acciones? Ó mas bien ¿lo habría yo desilusionado?

Ahora, después de veinte años, pienso que quizás hice un poco de los dos.

Defensores de la libertad de la iglesia

Cuando me inicié en la guardia Suiza en Diciembre de 1986, no estaba yo ciertamente enfocándome en traer a Cristo al mundo. Yo estaba pensando que el ser un guardia era el trabajo mas excitante que me pudiese imaginar.

La posibilidad de enlistarme en la guardia me había sido presentada por uno de mis amigos en Suiza. La idea me intrigaba. Tenia diecinueve años entonces y no estaba seguro de lo que deseaba hacer con mi vida. Nunca me enloqueció la escuela. Actividades al campo libre eran más mi estilo. Aún así me fué bien en mi entrenamiento para ventas y administración de empresas. De ahí que tome como hecho el que ese sería el rumbo que mi carrera tomaría.

A este punto no estaba yo listo para dedicar mi vida a los negocios . Deseaba yo hacer algo diferente, ir a algún lugar fuera de la pequeña aldea Suiza en donde yo había crecido. De ahí que me puse en contacto con un ex-guardia y le visité en su casa para cenar con él. Me relató varias historias de su tiempo en el servicio y antes de que terminara la tarde estaba yo totalmente convencido. La oportunidad sonaba exactamente como lo que yo buscaba. Siendo Suizo, Católico y del sexo masculino, técnicamente yo ya cubría todos los requisitos para ese cargo.

Mas la responsabilidad de ser un guardia Suizo requiere aún más detalles que solamente ésos. Ellos son los guardias personales del papa, están a cargo de protegerle en el Vaticano y en sus salidas en la carretera. También tienen la responsabilidad de proteger el palacio Papal. Deben dar la bienvenida a los visitantes y recibir a los muchos diplomáticos que visitan en el Vaticano cada año. Respectivamente, ellos necesitan conocer estrategias de defensa básicas, manejo de armas, combate de cuerpo a cuerpo y un sin fin de detalles acerca del Vaticano y su protocolo.

Los guardias Suizos han venido desempeñando estas obligaciones, de una forma u otra, desde 1506, cuando los primeros 150 hombres de mi país se reportaron en Roma para servir bajo el Papa Julio II. Pocos años después, en 1527, el Papa Clemente VII declaró a los miembros de la guardia Suiza "Defensores de la Libertad de la Iglesia" después de que ellos le salvaron la vida durante el Saqueo de Roma. Cuando 189 guardias Suizos dilataron a 34,000 tropas del Emperador Carlos V mientras que otro grupo de guardias conducían al Papa a un lugar seguro. Estos 189 pagaron un alto precio por su valor: solamente 42 de ellos sobrevivieron para disfrutar el final de su plan victorioso.

En la actualidad no hay armadas invasoras que combatir, mas existen peligros para el papa y la Ciudad del Vaticano; hay dignatarios a quien atender, turistas por recibir y responsabilidades honorables que desempeñar. Todo esto sucede en una de las mas hermosas ciudades en el mundo. ¿Cómo todas estas experiencias no iban a ser atractivas a un joven en busca de diferentes aventuras?

Tan pronto terminé mi año de servicio militar en la armada Suiza (un requerimiento para todo hombre Suizo), me enlisté en la guardia.

Un mundo y la iglesia en curso

Llegué a Roma el primero de Diciembre de 1986. En ésa época Juan Pablo II había estado en su cargo por poco mas de ocho años. Qué ocho años habían sido estos. Internamente la Iglesia todavía estaba afectada por incertidumbre y conflicto a causa del Concilio Vaticano II y las revoluciones culturales que el Oeste experimentó en los 1960s y 1970s. Juan Pablo estaba bajo una presión tremenda para "modernizar" la Iglesia y traer sus enseñanzas a la par de la cultura secular.

En 1986 el mundo estaba repleto de tensiones. La Guerra Fría pasaba a la cabeza para América e Inglaterra quienes en unión con el Papa ponían fuerte presión contra la Unión Soviética. Mikhail Gorbachev acababa de tomar el poder, mas la guerra Soviética en Afganistán aún continuaba y EE UU había desmantelado su embajada en Moscú debido a que había estado repleta de viruses… electrónicos, por supuesto.

Por dos años, yo viví y trabajé en medio de ese drama político y espiritual. Durante ese proceso yo aprendí mucho, acerca del mundo, de mí y de Dios.

Existe un dicho que dice que los guardias Suizos pueden perder o encontrar su fe en Roma. Yo encontré la mía. No tomó mucho tiempo. El servir bajo Juan Pablo II casi lo hizo fácil. El era formidable: un escolar, un actor, un deportista, un diplomático pero mas que todo, un fuerte, vibrante y amante seguidor de Cristo. En todo lo que él hizo, atestiguó a quien él servía. El vivió la Fe. Habría sido muy difícil el no ser afectado por eso.

Mas mientras no me tomó mucho tiempo encontrar mi fe, me tomó mucho mas el descubrir cómo vivir esa fe en el mundo. Por mas de una década luché sobre como integrar mi fe personal y mi vida profesional. Las guardaba por separado. Pagué por eso, de ambas formas, en Dólares y en valores mucho mas preciados.

Mi "sueño Americano"

Michelle era una hermosa chica Americana estudiando en Roma y, para mí, fue amor a primera vista. Todo pensamiento que cruzo mi mente sobre el sacerdocio o un servicio mas extenso en la Guardia abandonó mi cabeza cuando la conocí. Con la ayuda y asesoramiento de mi amigo el Padre Peter Gori, Sacerdote Agustino a quien conocí en Roma, tome la decisión de dejar la guardia e ir a la escuela en Massachussets, en donde yo podría estar cerca de Michelle.

De ahí que en 1989 vine a los EE UU, inicie mis estudios en administración internacional y propuse matrimonio a la mujer de mis sueños. Poco tiempo después contrajimos nupcias con el Padre Peter como celebrante principal de nuestra boda. Al principio, Michelle y yo acordamos en que ella trabajaría mientras yo iba a la escuela. La idea no me agradó para mucho tiempo. Yo estaba ansioso de proveer en mi hogar. Al iniciar el último año en la universidad, con el apoyo de Michelle, acepté una practica como interno como voluntario en una pequeña compañía tecnológica que apenas empezaba. La frase de "sin salario" de esa práctica me hacía dudar antes de aceptar la oferta. Michelle me urgió que aceptase diciendo proféticamente: "Cuando ellos vean lo que puedes hacer te empezarán a pagar."

Ella tuvo razón. Después de pocas semanas la compañía me aceptó como su quincuagésimo-primer empleado.

El ascenso

Era el verano de 1991 y la compañía era FTP Software. No mucho tiempo atrás un pequeño grupo de estudiantes con incentiva del Instituto de Tecnología de Massachussets (MIT) habían iniciado una empresa con una gran idea: la de crear un sistema que pudiese interpretar el protocolo de la red de Internet (IP) de computadoras UNIX muy grandes a computadoras personales portátiles. El trabajo de ellos hizo posible que computadoras portátiles tuviesen acceso a la red de Internet. Todos sabemos cuán importante éste proceso es, mas en ese tiempo yo tenía escasos conocimientos de lo que ésta empresa significaba. Yo sabía muy poco del uso de las computadoras.

Me daba cuenta de que esta empresa era algo especial. Su atmósfera era eléctrica. Había una visión común. Todos seguían el mismo objetivo. No por esto dejaban de existir problemas y conflictos. Los había. Mas todos estábamos unidos con una visión común de hacer esta nueva red llamada Internet una realidad. Todos cooperamos con todo lo que teníamos para éste propósito.

Durante mi primer par de años ahí, pude balancear trabajo y estudios. Empezaba yo a trabajar muy temprano, atendía a clientes Europeos telefónicamente. Después terminaba mi día yendo a clases. Mas tarde regresaba a la oficina a trabajar con los clientes de Asia. Era un poco apurado mas lo hacía con gusto. Me agradaba no solamente porque disfrutaba el trabajo, mas porque la gente con y para quien yo trabajaba apreciaban mis esfuerzos y me lo dejaban saber. Me sentía un elemento valioso entre el grupo. Cometí algunos errores, era yo joven y aprendía en el transcurso del trabajo, mas todos en FTP estaban en las mismas condiciones que yo. La estrategia era aprender rápidamente y tomar ventaja de cada oportunidad para aumentar nuestras responsabilidades.

La compañía creció rápidamente. Durante los primeros años, nuestras ganancias se duplicaron anualmente. Empecé a viajar al extranjero durante mis vacaciones escolares para visitar a nuestros clientes y vendedores en Europa. En 1993 me gradué de la universidad y con ello vino mi nombramiento como Vicepresidente de la subsidiaria Europea de FTP. Mas o menos en ese tiempo las acciones de FTP se hicieron públicas. Esto representó una de las primeras mas grandes Ofertas Publicas Iniciales (IPOs) en alta tecnología de los primeros años noventas, y yo estaba ahí mismo en medio de todo esto, de interno sin salario, a vicepresidente en tres cortos años. Estaba yo en toda la extensión de la expresión viviendo el Sueño Americano. Me sentía feliz.

Continué disfrutándolo cuando menos por otro año. En 1994, FTP nos mudó a Michelle y a mí a Europa. Yo iniciaría las sucursales de la compañía en Munich, Londres y Paris, emplearía a nuevo personal y empezaría la producción de nuestro software en los países bajos. Una vez ahí mi equipo y yo evangelizamos las glorias de Internet por todo Europa, hablando en exhibiciones de empresas y conferencias, dando entrevistas a televisión y a periódicos.

A la edad de veintiocho años yo tenía mas de cien empleados y administraba mas de 100 millones de Dólares en ganancias.

Viajaba en primera clase, visitaba los mejores hoteles y vivía en un lujoso departamento en Munich en una de las partes mas exclusivas de la ciudad.

También trabajaba siete días de la semana, 365 días del año y para entonces ya no me sentía tan feliz.

La caída

No solamente era el horario de trabajo que me estaba sofocando. De alguna forma después de que las acciones se hicieron públicas, la cultura en la compañía cambió. Estábamos experimentando una competencia muy fuerte y la empresa no crecía igual que al principio. Eso me parecía lógico desde que el crecimiento se mide en porcentajes y creciendo por 100, 50 o 25 por ciento es más fácil conseguirlo cuando se esta creciendo de un fondo más pequeño. Mientras mas grande sea la cantidad, es mas difícil mantener el mismo índice de crecimiento.

Así lo declaré al grupo de vez en cuando, no era yo el único en ver el sentido detrás de eso. Mas lo importante no era el que hiciese sentido, lo importante era lograr la expectativa de los analistas de Wall Street. Ellos representaban a un verdugo cruel y pasaron a convertirse en "toda la finalidad" de la empresa: Sobrepasar cada trimestre la expectativa de los analistas y cada vez que lo lográbamos, era mas difícil lograr la misma meta para el siguiente termino. La presión aumentaba para todos. Cada empleado temía ser el causante de que la compañía no hubiese logrado la expectativa irreal. Como resultado la innovación empezó a sufrir.

Al principio yo adopté esta nueva forma de hacer negocio. Para poder alcanzar mi siempre mas grande meta trimestral, hice a un lado cualesquier otra responsabilidad en mi vida. Vivía yo para trabajar. Cuando llegaba Navidad, yo consideraba un lujo especial el dejar Munich y pasar la noche de Navidad con mi familia en Suiza. A la mañana siguiente, sin embargo, mientras que la familia se preparaba para celebrar, estaba yo ansioso de irme para poder concentrarme en mi cuota trimestral. Mientras mi familia salía a disfrutar un día asoleado deslizándose en unos trineos, yo estaba en la carretera yendo hacia Munich convencido de que estaba yo tomando la decisión mas responsable y productiva.

Mas esa convicción no duró por mucho tiempo. La cultura de la compañía se había tornado venenosa. No éramos ya un grupo unido trabajando hacia una meta común. Nos convertimos en rivales, uno en contra del otro en una lucha sin sentido. Mientras que el producto de la compañía empezó a perder su fuerza competitiva a Windows 95, Yo decidí que ya era suficiente para mí.

La quiebra

En 1996 dejé FTP para empezar en Dragon Systems. La compañía estaba por lanzar al mercado un producto revolucionario que permitiría a una persona hablar a su computadora en una forma natural. Me emplearon un año antes del lanzamiento del producto para ayudarles a crecer.

Una vez mas me encontré trabajando para una empresa con una visión y pasión comunes y en un medio que invitaba a la innovación. La compañía había sido fundada por una pareja quien la consideraba casi como parte de la familia. Ellos sabían como inyectar entusiasmo en sus empleados haciéndoles sentir que eran importantes y el esfuerzo era muy apreciado. La toma de riesgo era recompensada y las metas estratégicas a largo plazo eran llevadas a cabo. Prosperábamos en ambos aspectos, como individuos y como empresa.

Cuando cumplí 34 años, Dragon Systems se vendió por mas de 600 millones. Yo poseía una mínima porción de las acciones, mas era suficiente para que yo no tuviese que preocuparme por un próximo empleo o cualesquier otro trabajo después de ese. Cuando menos eso era lo que yo pensaba. La decisión clave acerca de la monetización de mis acciones vino durante un viaje en Asia. Michelle y yo estábamos en Singapur cuando recibí una llamada del Departamento de Personal. Me informaron que la oportunidad de venta durante la cual era legal para ejecutivos vender sus acciones estaba por cerrarse. Me preguntaron cuántas acciones deseaba yo vender. Con entera confianza en la dirección actual de la compañía empecé a expresar que no deseaba vender nada. Mas Michelle intervino y me pidió que lo discutiese con ella primero. Yo colgué el teléfono y cortantemente le dije que yo sabía lo que estaba haciendo; la compañía que nos había comprado tenía grandes planes y el precio de las acciones aumentaría considerablemente dentro de los siguientes seis a doce meses.

Michelle tenía una perspectiva diferente. "¿Cuánto dinero necesitamos en realidad? Ella me preguntó. "Mira como el precio de las acciones esta bajando. Yo no tengo un buen sentimiento acerca de esto. Vamos a vender lo que tenemos y abandonemos esta carrera loca de sube y baja. Ya tenemos mas que suficiente para vivir."

Mas yo pensé que yo sabía más. Conseguí calmarla. Acordamos en vender "una reserva" de acciones y dejar el resto. Llamé a Personal e hice arreglos para la venta. Entonces regresé mi enfoque al viaje y al negocio del momento.

Dos meses mas tarde, un periodista júnior de Wall Street Journal reportó que la compañía a quien vendimos Dragon Systems era fraudulenta. En otro aspecto de su negocio ellos habían declarado falsamente sus ganancias y cientos de millones de Dólares no aparecían. El artículo simplemente decía que ellos habían mentido y chantajeado en escala masiva. Un mes después de este reportaje las acciones de la compañía fueron sacadas del mercado y la compañía forzada a declararse en bancarrota y los ejecutivos encarcelados.

Yo me quedé con Michelle, "la reserva" y mucha frustración.

De regreso al principio

Durante los meses siguientes las noticias del fraude estaban llenas de enojo, confusión y resentimiento. Yo sentía que el aire se acababa y yo no podía respirar. No era solamente el dinero que habíamos perdido. Era el hecho de que lo habíamos perdido por la decepción criminal de alguien mas. Mintieron en nuestra cara y así confiamos en ellos. La amargura nos embargaba.

Una y otra vez me preguntaba a mi mismo como fue que esto sucedió. Una de las firmas de contabilidad mas prestigiadas del mundo les había dado un récord intachable. Y ahora ¿no había ningún recurso? ¿No podíamos hacer nada? Agoté mi cerebro tratando de pensar ¿que pudiese haber hecho diferente? Yo estuve ahí en la primera asamblea con ellos. ¿Presentí algo? Si, ¿Por qué calle? ¿Por qué no seguí mis instintos?

No había nada que pudiese yo hacer para cambiar la historia y nada que pudiese yo hacer para corregir el error. Las cortes no nos podían ayudar. Nadie nos podía ayudar. Pase mucho tiempo condoliéndome de mi mismo. También pase mucho tiempo cuestionando todo el sistema de capitalismo. Quizás estaba erróneo. Quizá yo estaba equivocado. Había yo visto a estas dos compañías que significaban mucho para mi cómo, debido a la lucha constante por el aumento de ganancias fueron destruidas. Quizás todo había estado corrupto desde el principio y estaban destinadas a terminar en esta forma. Me sentía atrapado. Encerrado en un abismo de confusión y resentimiento del cual no podía escapar.

Una tarde, en un esfuerzo por sofocar mis pensamientos tan confusos, prendí la televisión.

La espiritualidad del trabajo

Era el 2000, el año del Jubileo, y el hombre a quien alguna vez serví, Juan Pablo II, estaba en todos lados. Había tantos eventos para El Jubileo como el Día Mundial de la Juventud, y tantos viajes a lugares como la Tierra Santa, Fátima, que el papa había llegado a ser una presencia constante en los medios de información. Empecé a observar sus visitas y en ellas encontraba partes iguales de distracción y consolación. Entonces, un día después de una misa para el Jubileo de Trabajadores, Juan Pablo II me dio las respuestas que había yo estado buscando.

Durante el evento Juan Pablo hablo de la "espiritualidad del trabajo," e hizo un llamado a la gente para que se unieran todos a edificar una sociedad que respetase al hombre y a su trabajo.

"El hombre es mas valioso por quien es él, que por lo que tiene," declaro el papa. Después agregó, "Cualesquier cosa que se haga con el fin de una mayor justicia, mas amplia fraternidad, y para mas orden humano de relaciones sociales, vale mas que cualquier otro progreso en el ramo de la técnica."[1]

No podía yo olvidar esas palabras. Les di varias vueltas en mi cabeza. Con cada repaso, me empecé a dar cuenta de que es la persona, cada persona humana específicamente, quien es importante en una empresa. La empresa existe para la persona, no la persona para la empresa. Las ganancias ayudan a un negocio a operar, mas no son el fin. Ayudar a la persona humana es el fin. En primer lugar, si no fuese por la persona humana, no estaríamos haciendo negocio.

Hubo otra frase de ese Año de Jubileo que se me gravó: "De una manera especial los Padres del Concilio te encomendaron una misión 'la de buscar el Reino de Dios participando en asuntos temporales y dirigiéndolos de acuerdo a la voluntad de Dios.'"[2]

Aun cuando él estaba citando porciones del documento de Vaticano II, cuando dijo eso, sentí que se estaba dirigiendo a mí directamente, estaba desde la distancia refrescando mi memoria. Repetía lo mismo que me había dicho en aquella última entrevista hacía doce años en el cuarto ceremonioso del Vaticano.

Decidí cambiar la trayectoria de mi carrera y enfocarme en la estrategia del comercio y en cómo ésta podría ayudar al pobre. Quizás esa industria tendría mas significado que lo que yo había experimentado en el mundo de los negocios del Oeste. Quizás ahí podría yo encontrar virtud. Quizás ese trabajo estaría esencialmente en línea con mi fe Cristiana.

Mi nueva estrategia

En 2001, fui empleado para ayudar al Grupo OTF, una firma joven y progresiva de consultores que se enfocaban en estrategia de negocios en medios dudosos. Mientras que su compañía matriz, Monitor Group, se enfocaba en compañías grandes multinacionales, OTF se enfocaba en compañías medianas y pequeñas que tenían que enfrentarse a cambios frecuentes e imposibles de predecir. Mi experiencia anterior con los grupos de software representaban una ventaja en este ramo. Mas el enfoque sobre mercados recientes representó nuevos retos para mí.

Yo viajaba donde nuestros clientes y visitaba a los empresarios de las empresas por iniciarse. En África, Latinoamérica y oriente medio. Pude percibir la similitud entre ellos y los empresarios con los que yo había trabajado aquí en los Estados Unidos. En mis cuatro años con OTF nuestros proyectos se extendieron de Alabama a Afganistán, de Ontario a Rwanda, de Jamaica a Macedonia y de San Paulo a Gabón. En donde había pobreza y a menudo poco después de conflictos violentos, aconsejamos a empresas del sector privado y gobiernos sobre cómo desarrollar estrategias de negocio competitivas que les ayudaría a participar efectivamente en la economía global. Yo creo que en ninguna otra ocasión me había sentido tan satisfecho en mi trabajo ni jamás he estado tan convencido de que mi esfuerzo, el esfuerzo de mis colegas y de nuestra empresa era tan profundamente satisfactoria y significativa.

La industria misma, sin embargo, me dejo desilusionado: la mayor parte de las empresas en desarrollo con quien traté estaban mas enfocadas en encontrar su próxima fuente de recursos que en tener un impacto duradero en quien se suponía que iban a servir. En su trabajo, sin darse cuenta ellos cultivaban una cultura de dependencia y estancamiento. El patrón del paradigma prevaleciente de estas compañías y los multilaterales quienes los financiaban decían que estaba bien ayudar a los más pobres, mas no ayudarles a crear riqueza, eso sería demasiado. Solamente subsistencia, y no mas. El que el pobre se enriqueciese les alejaría de ser una fuente de finanzas. No estaba claramente escrito, mas las acciones claramente demostraban esta idea. Al mismo tiempo estas firmas y ONGs (Organizaciones Non Gubernamentales) patrocinaban al pobre. Ellos determinan lo que es bueno para la gente, como deben vivir y portarse. Varias veces pensé que yo mismo no tengo tanto control sobre la vida de mi propio hijo como algunos ONGs tienen sobre la vida de la gente a quien ellos supuestamente están ayudando. No tuve deseos de adentrarme mas a esa industria. Me parecía que sus deficiencias no eran diferentes de las que había experimentado en el mundo de los negocios en los Estados Unidos. Al igual que ellos, empezaron con un objetivo noble mas en el camino cayeron presas de los intereses egoístas y valores corruptos. No encontré la diferencia que estaba y buscando.

Sentí la urgencia de volver a empezar desde el principio. Me gustaba aconsejar a otros sobre estrategias de negocios, mas la intención era de iniciar una empresa propia. Renuncié de OTF para aceptar una posición como ejecutivo en residencia, sin salario en Highland Capital Partners, una empresa capitalista con base en Boston. Ellos me proporcionaron una posición muy apropiada para familiarizarme con proyectos jóvenes, actuales en el área y me proporcionaron la oportunidad de envolverme con algunas empresas. Fue una combinación perfecta de circunstancias tiempo y lugar.

Al mismo tiempo la fundación Sir John Templeton me pidió que les preparara un plan de negocios para introducirles al ramo de soluciones a la pobreza basado en empresas – el espacio que nosotros con tanta energía habíamos promovido en OTF. Me pareció que esta era una oportunidad que viene solamente una vez en la vida. Uno de los filántropos mas prolíficos del mundo pidiendo mi asistencia para ayudar a planear una estrategia para promover lo que yo había aprendido como participante en compañías jóvenes y novedosas; se me pedía que yo tomase lo mejor de las lecciones y prácticas que yo había encontrado durante nuestro trabajo en OTF y lo integrase todo en un plan de dignidad y fe humanas. ¡Increíble!

Empezando a ver la luz

Trabajé en dos direcciones – una con nuevas empresas y la otra con Templeton Foundation en la nueva estrategia. Estaba consciente de que una de ellas eventualmente necesitaría toda mi atención, mas no sabía a este punto cual de las dos yo debería perseguir. En esta ocasión deseaba yo estar consciente de mi decisión. Deseaba yo hacer la voluntad de Dios y no la mía. El proceso de discernimiento tomó dos largo años. No quiero decirles que fue un tiempo fácil. No fue así. Discernimiento es difícil e incómodo. Aún cuando estoy buscando un "sí" en algo en que el "sí" quiere decir "no" a muchas otras alternativas, y es siempre muy difícil el no aceptar una buena oportunidad cuando esta se presenta.

Un año y medio después de haber dejado OTF, la entrega de mi plan a Templeton y las presentaciones finales a Highland Capital coincidieron. Durante las festividades del 2007 yo estaba esperando la reacción y respuesta de ambas empresas a mi trabajo.

Había yo pedido a Dios que cerrase aquellas puertas en donde El no desease que yo entrara – que me diese una señal obvia. Y El me la dio. Trate de obtener los fondos para mi iniciativa mas prometedora sin ningún resultado. Después de numerosas presentaciones y viajes por toda la nación, era muy obvio que nuestro proyecto no era suficientemente competente para Highland Capital. Decidimos cambiar nuestra estrategia y decidimos solicitar fondos para investigación del ejercito. Esto no requería o justificaba mi envolvimiento. Fue doloroso que esa puerta se cerrara.

La respuesta de Templeton fue mas positiva: nuestro plan les parecía muy prometedor. Simplemente necesitábamos trabajar mas en como implementarlo.

Con Michael Fairbanks, mi compañero y asociado de negocios de OTF concebimos la idea de iniciar La Empresa del Fondo de Equidad Social a la que nombramos "SEVEN Fund". Una empresa filantrópica que promovería la idea de descubrir soluciones a la pobreza basándonos en el inicio de nuevas empresas. Nuestro objetivo era invertir en investigación de las mejores prácticas, descubrir lo que es y lo que no es útil en su desarrollo y descubrir y promover a los empresarios mas sobresalientes en estos futuros mercados.

La base de nuestra iniciativa fueron una serie de estrategias sobre este tipo de investigación que Mike, en su carrera sobre desarrollo de mas de veinte años, había elaborado. Propusimos una ética centrada-en-el-individuo en esfuerzos de desarrollo económico. Nosotros planeábamos sintetizar la vasta experiencia en mercados emergentes de Mike y mi experiencia en el sector inicial de alta tecnología y con ambas explorar y proponer soluciones empresariales y esfuerzos de creación de riqueza en mercados emergentes.

La sabiduría del Papa Juan Pablo II nos dio una inspiración clave: En una ocasión él expresó frustración con la forma con la que la pobreza es medida, representada en cuántos Dólares gana una persona al día. En su concepto, esa forma fue denigrante e inadecuada en presentar el problema. El dijo que la pobreza no era únicamente cuantos Dólares se ganan al día mas era la exclusión del individuo de centros de productividad e intercambio.

El biógrafo y escolar Católico del Papa George Weigel escribe: "Riqueza en el mundo contemporáneo, pos-industrial no se puede encontrar simplemente en recursos, pero mas bien en ideas, instintos de creatividad empresarial, y destrezas. La riqueza de las naciones ya no viene únicamente de lo que produce la tierra sino que reside en la mente y creatividad humana."

La esperanza, como medio de crear prosperidad, va a sobrevivir si el pobre del mundo puede ser integrado en redes de productividad para usar sus "ideas, instintos de creatividad empresarial y destrezas" esto es un cambio a esa mentalidad de que los países mas pobres deben esforzarse basándose principalmente en recursos naturales de su nación.

La imagen de "redes de productividad" es un contraste al modelo de ayuda en donde el pobre es visto como un "problema" deshumanizado. Este modelo nos dice que el problema necesita ser resuelto por otros exceptuando al pobre, removiendo entonces la dignidad como individuos en control de sus propios destinos. Nosotros creemos que ayuda monetaria reemplazada por inversiones para crear empresas es una solución mas efectiva, que proporciona facultades con el potencial de crear un cambio mas perenne. "Redes de productividad e intercambio" pueden tomar un sinfín de formas: Acceso a Internet, Mercadeo por Internet, teléfonos celulares, escuelas, redes de salud, infraestructura, etc.

Mike y yo consideramos esta definición de la pobreza – dentro de lo mejor - exclusión de redes de productividad e intercambio – Describe ambos: el estado de pobreza y la mejor forma de proceder: a través de soluciones que permiten conectar al pobre con redes de productividad e intercambio. Esto pasó a ser el pilar de nuestro enfoque.

En un periodo de seis meses iniciamos nuestra nueva fundación y, con ella, un viaje increíble dentro de un mundo de promover ideas para ayudar a resolver uno de los problemas mas importantes.

Fue entonces que note que mi trabajo y mi fe empezaron a unirse, llegando a relacionarse mas explícitamente día por día. Me encontré consultando los escritos de Juan Pablo mas a menudo. Lo que encontré me habló con mas y mas claridad.

También empecé a recordar – las noches y los días que pasé al lado de él, vigilándole y observándole durante mi periodo de guardia. Este era un hombre quien no solamente dirigía a un billón de Católicos en el mundo, sino uno que había tomado a la Iglesia en una era moderna. El sostuvo a una Iglesia fracturada cuando las fuerzas de liberalismo, tradicionalismo, secularismo, feminismo y docenas de otros "ismos" estaban trabajando arduamente para separarla. El retó a las mentiras de las culturas frente a frente y se mantuvo firme ante todo el Régimen Soviético. El Bloc del Este se había desmoronado bajo el poder de esa mirada no comprometedora, firme y amorosa. El consiguió todo eso con la mayor fidelidad a Cristo y con todo el amor para aquellos a quienes él servía. Increíble. Con la ayuda de estos recuerdos empecé a encontrar el sentido en todo – que era importante en negocios, cómo debe administrarse una compañía, y lo mas importante, el cómo un administrador debe conducir a una empresa. En el Papa Juan Pablo II, yo encontré el ejemplo de una administración verdadera, la cual yo había estado buscando. He tratado de seguir su ejemplo dirigiendo a mis empresas como él dirigió a los devotos de Cristo. No he sido tan exitoso, mas he sido un mejor dirigente de lo que yo hubiese sido sin todas estas bases. Mis compañías han disfrutado de un éxito mas duradero. Aún mas importante, mi esposa, nuestro hijo y yo hemos sido mucho mas felices, con vidas mas fructuosas, felices y con mas recompensa personal.

Que aprendí de Juan Pablo acerca de liderazgo y negocios en todos esos años?

Hubo nueve lecciones en total. La primera es Conócete a Ti mismo.

Preguntas para reflexionar

1. ¿Cuáles han sido mis éxitos profesionales mas sobresalientes? ¿Qué ventajas me proporcionaron? ¿A que costo obtuve ese éxito? ¿Cómo me hizo cambiar todo esto?

2. ¿Cuáles han sido mis derrotas profesionales mas grandes? ¿Qué perdí? ¿Qué fue la causa de esas derrotas? ¿Cómo me hicieron cambiar?

3. ¿Cuál es mi definición de éxito, o el "sueño Americano?" ¿Cómo es, o no es, diferente de la definición de éxito de la cultura? ¿De quién es esa versión del éxito que estoy viviendo? ¿Qué estoy dispuesto a sacrificar por ese éxito?

Capítulo Uno

Conózcase a si mismo:
La importancia de la vocación

"Antes de formarte en el seno de tu madre, ya te conocía; antes de que tu nacieras, yo te consagré y te destiné a ser profeta de las naciones."

Jeremías 1:5

Lo que sea que fueses a ser en la vida, cualesquier llamado que escojas, recuerda, que el llamado fundamental de un ser humano es tener humanidad. Y tu siempre tienes que recordar ese llamado fundamental. Siempre y en todo lugar yo desempeño mi llamado de tal forma que sea con verdadera humanidad.
...Solamente aquel quien es verdaderamente humano es verdaderamente un hijo de Dios.

—San Juan Pablo II

Cuando empecé en la Guardia Suiza tenia yo veinte años y, como todos mis compañeros, en buenas condiciones físicas. Mas con toda esa energía nuestra, Juan Pablo II fácilmente la sobrepasaba.

Sus actividades empezaban antes de las 6:00 cada mañana cuando se levantaba, oraba, se vestía para el día y se dirigía a su capilla privada para mas tiempo de oración. A las 7:00 a. m. pequeños grupos de dignatarios visitantes, peregrinos Católicos, o personal del Vaticano se reunían con el para la celebración de misa. Después de misa tenía invitados para el desayuno. Enseguida una o dos horas de trabajo en la oficina. A las 11:00, antes de recibir visitantes oficiales, el se reunía con lingüistas para revisar detalles del idioma que el estaría usando para hablar con las multitudes de dignatarios. Entonces las audiencias se iniciaban.

Epígrafe. Karol Wojtyla, Discurso a los estudiantes graduados de secundaria y a la juventud obrera y trabajadora (junio de 1969), cita textual obtenida de la obra titulada *The Making of the Pope of the Millenium: Kalendarium of the sLife of Karol Wojtyla*, por Adam Boniecka, MIC (Stockbridge, MA: Marian Press, 2000) página 365.

En ocasiones se dirigía a miles, algunas veces solamente a unos pocos, aún así estas duraban hasta la una o dos de la tarde. Después seguía el almuerzo, al cual le acompañaba personal del Vaticano, sucedido por tiempo de mas oración, con Juan Pablo a menudo dirigiéndose al jardín de la azotea en el Palacio Papal para caminar y conversar con Dios.

Después mas trabajo en la oficina y mas audiencias, que duraban casi hasta la hora de la cena, 8:00 PM cuando a menudo invitados comían con el. Al terminar de comer el regresaba a leer. Escribir ya trabajar hasta muy entrada la noche. La hora de dormir llegaba alrededor de la media noche y en ocasiones mas tarde. Entre todas esas actividades él encontró tiempo también para preguntar a uno de sus guardias Suizos acerca de su día, platicaba con las hermanas quienes cocinaban para el y mantenía contacto con viejas amistades.

Ese era únicamente su horario de trabajo en Roma el cual comparado con su itinerario de viajes era relativamente ligero. Juan Pablo II viajó lejos y con frecuencia – mas que cualquier otro papa en la historia – 104 viajes a 129 países. Esto fue 775,000 millas o el equivalente a circunnavegar el globo 32 veces.

Mientras me preparaba para escribir este capítulo, traté de recordar si en alguna ocasión noté que este itinerario hubiese afectado al Papa. No pude recordar alguna. Mas pude recordar varias ocasiones en las que yo estaba muerto de cansancio. Recuerdo a los guardias quienes viajaban con él, al regresar a casa, solamente movían la cabeza diciendo "No se cómo lo hace este tipo." No le recuerdo una sola ocasión el haber estado con ojos somnolientos. De lo contrario , era totalmente lo opuesto.

Cuando regresaba al Vaticano después de viajar por semanas, el no se dirigía a su dormitorio cayéndose de cansancio, como otros lo harían. El se detenía a saludar a todo el personal quienes se habían reunido para darle la bienvenida. Como un general revisando a sus tropas, el nos "inspeccionaba," los guardias se alineaban en formación de honor, conversando y dando apretones de manos conforme avanzaba hacia el final de la línea. El tenía todo el derecho y razón de caminar enfrente de nosotros y dirigirse al silencio de sus aposentos, mas el sabía que era su deber sagrado de regalarse el mismo a nosotros al igual que las multitudes que le saludaron en tierras lejanas. Día a día Juan Pablo II se vaciaba como respuesta a lo que Dios pedía de el. La razón por la que el podía hacer eso constante y felizmente era porque el sabía para lo que Dios le había creado. El sabía su vocación.

Los tres niveles de vocación

La palabra "vocación" significa mucho mas que la definición en el diccionario estándar "una carrera o forma de trabajo." Es mas bien un "llamado" que un "trabajo." Si se resume la definición Católica de la palabra "vocación" en una oración, podría decirse que la vocación es la misión que tenemos en la vida. Es el propósito para el que Dios nos hizo. También podríamos decir que es nuestra misión para servir a Dios. Dios nos dio la vida y ahora por medio de una vocación se la regresamos a El. De cualquier ángulo que lo veamos, la vocación da significado a la vida. De acuerdo a Juan Pablo II la vocación contesta a la pregunta "¿Porque vine a este mundo?" Mas aún, el creía, solamente cuando uno esta viviendo su propia vocación se siente uno realizado en esta vida. Nuestra vocación, comprendida, abrazada y vivida, es lo que nos hace sentir verdadera y completamente vivos. [3]

La vocación universal

Es la explicación simple de vocación, mas hay mucho mas en el concepto. Hay tres niveles diferentes en vocación. Se enfocan en diferentes aspectos de la vida, y difieren en importancia.

La primera de estas tres es la vocación universal. Esta es la vocación en la cual todos compartimos. No importa quien es o a dónde o cuando usted vive, usted tiene la misma vocación universal como todo ser humano que esta en este planeta: Conocer, amar y servir a Dios en esta vida para que podamos conocerle, amarle y servirle eternamente durante la próxima vida. Tu objetivo es recibir gracia ahora para que uno pueda recibir gloria mas tarde, o aun mas simplemente puesto, cooperar con Dios en Su trabajo para salvar nuestra alma.

Dios nos llama a todos a ser co-creadores con el cómo parte de esa cooperación. El nos asigna a dar vida a otros: ya sea física o espiritual. El nos envía a inventar ideas: creando obras de arte, objetos y productos. O sistemas de pensamiento y servicio. Esa co-creación, creía Juan Pablo II, es la esencia de amor, la realización mas grande de las posibilidades inherentes en el hombre. El describió nuestra posibilidad de dar vida – de dar nacimiento, inventar, crear, concebir y edificar – como una verdadera "grandeza" de amor. Cuando nosotros creamos, estamos haciendo eso para lo cual Dios nos creó. Estamos consumando nuestra misión y haciendo un regalo de nuestra vida a Dios.[4]

Vocación primordial

Después de la vocación universal, se empieza a hacer mas específico. Después de todo, una cosa es decir que todos los Cristianos comparten en la vocación de amar, y otra cosa es vivir esa vocación. ¿Cómo la vivimos? En la forma de vida en la cual amamos y servimos a Dios y a otros, es nuestra vocación primordial. De acuerdo a la Iglesia Católica, hay tres vocaciones primordiales: vida de matrimonio, el sacerdocio y vida consagrada (hermanos y hermanas viviendo en comunidad y solteros consagrados viviendo en sociedad.) Cada una de estas vocaciones es una forma de vida escogida libremente. Cada una también expresa un regalo de si mismo. Al escoger una vocación primordial, tu conviertes tu no transferible "yo" en propiedad de alguien mas. En otras palabras tu das prioridad en tu vida ya sea a Dios y a la vida consagrada o a tu esposo(a) y familia.

El regalo de si mismo da a tu vida una dirección y propósito concretos. Ordena a tus deseos, prioridades y responsabilidades, cuando menos en una forma general. Si yo me caso y tengo un(a) hijo(a) yo soy responsable no solo de mí mismo, sino de mi esposa e hijo(a). Estoy llamado a proveer para sus necesidades físicas y materiales. También estoy llamado a proveer para sus necesidades intelectuales, emocionales y espirituales. El cuidado de sus almas, también de sus cuerpos me ha sido confiado. Es mi "obligación" ayudarles a ir al cielo, y es la "obligación" de ellos ayudarme a ir al cielo. Las decisiones que yo tome, las acciones que yo ejecute, y las responsabilidades que yo acepte son todas decisiones que tengo que hacer tomando en cuenta mis responsabilidades hacia mi familia.

Lo mismo es para sacerdotes y aquellos viviendo una vida religiosa. Una hermana religiosa toma en consideración el bienestar de su comunidad antes del suyo propio. Su camino hacia el cielo esta pavimentado con los reglamentos y obligaciones de su vida con las otras hermanas. Un sacerdote esta al igual ocupado con proveer por el bienestar espiritual de sus parroquianos y en apoyar a su obispo en enseñar y defender la fe. La forma en que organiza su vida y tiempo necesita ser regido por esos fines mas importantes.

Nuestras nociones modernas de libertad pueden confundirnos acerca del valor de esta clase de vocación. A menudo vemos el tipo de limitaciones a nuestra libertad que un compromiso permanente trae como impedimentos a "ser quienes somos." Mas la verdadera libertad no es una libertad de restricciones de afuera. La verdadera libertad es la libertad de amar y entregarnos completamente. La libertad existe por el bienestar del amor. Es la ruta al final que todos deseamos – comunión de amor con Dios y con otros. Es cuando nos entregamos completamente que nos sentimos mas efectivamente realizados. Entonces es cuando verdaderamente somos libres.[5]

Segunda vocación

Tu vocación universal te da el propósito mas importante de tu vida, tu meta final. Tu vocación primordial te da el diseño para obtener esa meta. Te marca ciertos parámetros, en otras palabras, te marca un camino a seguir en tu viaje al cielo. El tercer nivel de vocación, tu vocación secundaria, es lo que haces en ese camino. Es la forma en que usas tus regalos y talentos en el servicio de Dios y de otros mientras vives tu vocación primaria e universal. Para la mayoría de nosotros esto significa nuestro trabajo o profesión. Sin embargo, también puede aplicar a nuestra participación en actividades cívicas y comunitarias, trabajo apostólico, o simplemente cargando las varias pruebas y cruces que se atraviesan en nuestra forma de vida. Este es tu plan de acción para vivir.

Cuando se trata del trabajo, Juan Pablo II creía que nuestra profesión es integral a quien somos como seres humanos. El dijo eso no solamente de profesiones importantes y excitantes tales como ser papa, sino también de las formas mas arduas de trabajo manual. Cuando se trata de trabajo Juan Pablo sabía de lo que hablaba. Habiendo crecido en Polonia durante la Segunda Guerra Mundial , el papa de un-día trabajaba horas muy largas en una mina de piedra de lima y de una planta de químicos. El sabía muy bien por esas experiencias lo duro que podía ser el trabajo.

También sabía lo que pasaría si el hombre no tuviese trabajo o cuando el hombre no tuviese la libertad de conseguir el trabajo para el que Dios le creó. El aprendió eso como seminarista sacerdote y obispo en la Polonia dominada por los Soviéticos, en donde la centralización económica condujo a la eliminación de propiedad privada y terminó en actividad empresarial.

Juan Pablo vivió la libertad restringida, trabajadores siendo denigrados, dignidad humana violada. El vino a darse cuenta que para poder ser la persona que Dios le creó para ser ,cada individuo tenía que ser libre para escoger, libre para crear y aún libre para errar en su vida profesional. Juan Pablo argumentaba que cuando hacemos eso, cuando nosotros libremente buscamos el trabajo para el que fuimos creados, y para el cual nuestros regalos, talentos, naturaleza y circunstancias lo permiten, descubrimos quienes realmente somos.[6]

Al mismo tiempo Juan Pablo II se dio cuenta que a través de nuestro trabajo nosotros no simplemente ganamos mas: sino que Llegamos a ser mas. El trabajo nos moldea, nos refina y nos empuja a descubrir y moldear nuestros talentos naturales. Nos permite amar, llegando a convertirse en un medio por el cual somos capaces de servir a nuestra familia, clientes, vecinos y comunidades. Ese trabajo entonces se convierte en un medio de ofrecer nuestra vida a Dios.

Cuando se piensa en el trabajo de esa manera uno puede darse cuenta que, tal como en la vocación primordial, este ni es una obstrucción de libertad, ni es algo que nos aleja de hacer lo que nos gusta hacer – pescar, cocinar o estar pendientes de cómo va el partido de pelota favorito. Mas es algo que nos permite vivir mas de lleno la vida que Dios intentó que viviésemos.

El hecho de que tenemos que trabajar es a veces difícil, monótono, o aún doloroso, mas esto no reduce la eficacia de nuestro propósito sino que lo ayuda. Toda la dificultad, monotonía y dolor al que nos enfrentamos son situaciones que podemos unir al trabajo, Pasión y muerte de Cristo. Es algo en lo que, repitiendo las "ofrendas" de muchas madres al través de los siglos, para poder obtener gracia para nosotros y los demás.

La habilidad es sagrada. El trabajo puede, en efecto, ser una cosa sagrada. Todo trabajo, no solamente aquel de los sacerdotes y religiosos puede ser sagrado cuando se hace como un acto de amor, servicio y sacrificio de acuerdo al mandato de Dios. Eso es lo que la encarnación hizo posible. Es por esto que Santo Tomas de Aquino podía decir con tanta seguridad, "No puede haber felicidad cuando se vive sin disfrutar nuestro trabajo."

Las prioridades competitivas crean caos

¿Porqué es importante todo esto acerca de la vocación? ¿Porqué el entender todo esto tiene algo que ver con dirigir una compañía o pequeño negocio?

La respuesta es, "Tiene mucho que ver."

Lo que Juan Pablo II comprendía tan bien - su vocación universal (el llamado a su santidad), su vocación primaria (su sacerdocio), y su vocación secundaria (su sacerdocio, obispado y por ultimo papado) – es lo que la mayor parte de nosotros pasamos nuestra vida entera tratando de comprender. Queremos saber quienes somos, porqué existimos y para que fuimos creados. Estas son preguntas eternas que cada hombre en cada época se hace.

La respuesta nunca es fácil. Y todas las demandas de la vida – los papeles competidores que desempeñamos y las prioridades que balanceamos – hacen la respuesta aún mas difícil. Todos nosotros – desde el papa guiando a millones, un ejecutivo dirigiendo a cientos, o un padre dirigiendo a unos pocos – requiere mas de un sombrero en esta vida. Somos empleadores o empleados, mas también somos hijos e hijas, esposos o esposas, madres o padres, hermanos o hermanas, líderes de la comunidad o voluntarios, ciudadanos o soldados, vecinos o amigos. Esta lista continúa mas y mas. Todos estos títulos nos proporcionan múltiples formas de servir a otros y hacer uso de nuestros talentos. También, sin embargo, crean para nosotros múltiples metas y expectativas. De vez en cuando éstas son conflictivas.

Para empezar, te jalan en direcciones opuestas, una demandando tiempo de la otra. También parecen necesitar virtudes diferentes. Lo requerido para avanzar en los negocios puede parecer muy diferente de lo que se requiere para ser un buen padre o discípulo Cristiano. Cada actividad nos viene con una cultura diferente de prioridades competitivas. Por ejemplo lo que la cultura exitosa de una corporación nos dice, es importante – horas largas en la oficina, instintos incompasivos y despiadados en el negocio y metas trimestrales – es muy diferente de lo que la cultura paternal nos dice que es mas importante – ahorrar dinero, estar presente en el hogar, y modelar responsabilidad, compromiso y amor para nuestros hijos.

En su mayoría la mayor parte de nosotros tratamos de balancear nuestros roles diferentes y las prioridades que les acompañan. Trabajando arduamente para cumplir todo lo que se espera de nosotros en nuestro trabajo, hogar y comunidades, haciendo el máximo esfuerzo por complacer tanto a nuestro supervisor como esposa e hijos. Mas al tratar de satisfacerles a todos podríamos terminar sintiendo que no hemos complacido a ninguno de ellos.

Para poder tener éxito en culturas competitivas, podemos también empezar a actuar con diferentes personalidades en la oficina y en el hogar. Vivimos una "doble personalidad" que permite ser guiada por valores y creencias en nuestra vida profesional diferentes de nuestra vida personal.

A menudo hacemos cambios y concesiones, tratamos de navegar por mundos múltiples. Esas opciones pueden ser costosas. Son incontables el número de ejecutivos que he conocido al través de los años cuyo éxito en los negocios les ha costado el afecto y respeto de sus esposas e hijos, y a menudo toda la relación por entero. Otros quienes han sido negligentes con su verdadera pasión profesional y fueron detrás de un salario mejor o un título prestigioso. Aún esos quienes pudieron conseguir un balance aparentemente razonable muchas veces acaban cansados de tanto esfuerzo. No son felices, se sienten agotados. La atracción que alguna vez sintieron por su trabajo, pasatiempos favoritos o actividades voluntarias primero disminuyen en interés para después desaparecer.

Desilusión, confusión, fragmentación y ultimadamente agotamiento – esto es lo que podría pasar cuando no se tiene una jerarquía clara de roles y prioridades.

Cómo salir del caos

Una vez que se conocen bien los tres niveles de vocación, sin embargo, y la importancia que cada uno tiene en la jerarquía, se facilita el orden de la vida y las prioridades, buscando las virtudes que mas se necesitan y balanceando roles competitivos sin disputas.

Juan Pablo II era un ejemplo vivo

Sirviendo en la Guardia Suiza, uno de mis compañeros que habían estado ahí antes que yo me relató una historia acerca del primer día de trabajo de Juan Pablo II como Papa. Su primer día oficial "en el trabajo" con todo el peso del mundo de repente siendo puesto sobre sus hombros. Juan Pablo de repente hizo una decisión. Un obispo Polaco, amigo y compañero estaba enfermo y el quería verlo. Mas el no sólo quería verle, el creía que *debía* verlo. El pensó en ese día que ir a visitar a su amigo era la cosa mas importante que el tenía que hacer. Y a pesar de todas las protestas de sus colaboradores, el fue a ver a su amigo. El mundo siguió su curso. Las necesidades mas importantes fueron atendidas, y las menos importantes esperaron.

Pocos días después, en una conferencia de prensa para dos mil periodistas, Juan Pablo nuevamente siguió su propio instinto. Después de decir el discurso usual, en vez de salir, se adentró en la multitud y empezó a conversar con los periodistas. El pobre monseñor a cargo de su itinerario trataba de conducirle hacia fuera, mas el papa haciéndole una seña para que esperara, anunció en una de las cámaras "Hay personas aquí diciéndome que ya es hora de irme. Yo soy el papa. Saldré cuando quiera salir.

Esa es la diferencia que puede hacer el entendimiento claro de los tres niveles de vocación, Juan Pablo consideró como primero y principal lo que Dios pedía de el, y así lo hizo. El puso a Dios primero, su vocación al sacerdocio segundo, y las muchas demandas de la oficina del papado tercero. El oró, celebró la misa, entonces hizo todo lo demás. El hizo "todo lo demás" con el mismo espíritu con que oraba y celebraba misa. Lo que quiere decir que el permitió que sus obligaciones y valores de su vocación primaria e universal moldear cómo el desempeñaría su segunda vocación. Su energía nunca se debilitó. Su pasión nunca languideció.

Encontrando un balance

La mayoría de nosotros nunca vamos a ser papa, mas cada uno de nosotros somos capaces de poner estas prioridades de vocaciones en acción, tal como el papa lo hizo. En su entendimiento de vocación Juan Pablo encontró el balance entre roles competitivos y prioridades. El supo lo que era importante y porqué. El vivió cada día de acuerdo a ese conocimiento. No hubo confusión ni fragmentación. Todo estaba perfectamente en orden. Nada estaba separado en diferentes categorías. El era el mismo individuo enfrente de millones como lo era enfrente de un simple guardia únicamente.

Necesitamos luchar por el mismo balance como laicos y como lideres en los negocios. Conociendo bien la vocación universal, primaria y secundaria hará por nosotros lo que el conocimiento de la vocación de Juan Pablo hizo por el. Pondrá en orden correctamente nuestros compromisos. Nos ayudará a vivir de acuerdo a los valores correctos y buscar las virtudes apropiadas. Nos ayudará a vivir una vida y trabajo integrales por lo que es verdaderamente importante. Sobre todo, nos ayudará a entregarnos por entero y sin reserva a lo que Dios nos esta llamando a ser y desempeñar.

Esto no quiere decir que de vez en cuando no podamos trabajar tarde en la oficina cuando preferiríamos estar en casa, o que no olvidaremos nuestras oraciones nocturnas usuales porque estamos con un hijo(a) enfermo. Hay veces en que una vocación exige prioridad sobre las otras, aunque usualmente su lugar es menos importante en el tótem de las prioridades. Mas el conocer bien la vocación previene esas ocasiones de hacerse una costumbre. También asegura que el sistema de valores correcto, aquél que va con la vocación universal esta siempre moldeando la forma en que desempeñamos nuestra primera y segunda vocaciones. Es en efecto una resguarda a cuando la tentación de comprometer los valores se presenta. Es en lo que uno siempre puede confiar en que estará siempre acertado en saber el curso de acción correcto además de encontrar inspiración en porqué hacemos lo que estamos haciendo. Es una guía segura cuando las preguntas o dudas inevitablemente llegan.

* * *

Esa es la lección que debería yo de haber aprendido en Febrero 11, 1987. En ese día estaba por salir a descansar cuando mi comandante me dio la noticia. Debido a un cambio en horario, necesitaba que yo reemplazara a otro guardia y servir en una misa papal. Estaba yo furioso, y cuando tome mi lugar a un lado del altar a la intemperie, en la Plaza de San Pedro, estaba yo lleno de resentimiento.

Por la próxima hora y media, mientras que Juan Pablo celebraba la misa, me mantuve de pie, silencioso como una estatua, mas encerrado en mi propio enojo. Cuando el daba la bendición final, di un suspiro de alivio. Finalmente las misa se había terminado y yo podría ir a mi descanso. Mas, mientras el papa se preparaba para regresar al Vaticano, miró hacia las multitudes. Entonces el cambió su curso.

Descendiendo las escaleras del altar en la Plaza de San Pedro, empezó a caminar entre los peregrinos. El paraba, saludaba a alguien, les bendecía y seguía hacia la siguiente persona. Con cada bendición mi predisposición aumentaba. Los pies me dolían, mi espalda me dolía, y el sudor rodaba por mi cara. Mi impaciencia estaba por explotar.

Entonces, por un instante mire hacia la persona a quien él estaba bendiciendo. Decir que la persona estaba discapacitada sería poco. La persona no tenia brazos, ni piernas y estaba totalmente deformada. Un interprete le ayudaba a comunicarse con el papa, tocándolo en cierta forma y en secuencias diferentes. También me di cuenta que la persona era sorda y ciega. A pesar de todos sus pesares, la cara del individuo en ese momento irradiaba una de inmensa felicidad.

Entonces vi a los peregrinos cerca de él. Había sillas de ruedas y camas de hospital hasta donde la vista podía alcanzar, llenas de almas enfermas deseando mas que todo ver al papa. De repente estaba yo feliz de tener piernas adoloridas.

Pasó mas tiempo. El papa continuó por todo el pasillo, bendiciendo a cada peregrino que tenía a su alcance. A mi ya no me importaba. Yo había estado tan concentrado en mis propias necesidades, lo que según yo era importante, que había estado ciego a las verdaderas necesidades ahí, enfrente de mí. No Juan Pablo II, quien usualmente no tenía días de descanso y seguramente la noche anterior había dormido mucho menos que yo. El estaba consciente de lo que era importante. El sabía lo que su vocación le llamaba a hacer y lo hacía sin cuestionarlo. Gracias a Dios por eso.

Descubriendo nuestras tres vocaciones

• Dios nos creo haciendo algo único de cada uno de nosotros, algo que nadie mas antes o después de nosotros estuvo creado para hacer y nadie mas pudiese hacer de la misma forma. Nos creó así para nuestro beneficio personal y para edificar el Cuerpo de Cristo en la tierra. ¿Cómo sabemos para lo que fuimos hechos?

- No importa para lo que nuestro llamado sea, nuestra vocación es la forma en que ofrecemos a Dios lo que El nos ha concedido. Es casi como cuando se le dan a un niño los materiales – papel, pinceles, lápices, colores, diamantinas, pegamento, tijeras, borlas de estambre y ojitos – y luego se le dice "usa todo ese material y haz algo muy artístico. Anda – se creativo!" Entonces uno espera hasta que el regresa y orgullosamente presenta su última creación. Uno, por supuesto lo admira y orgullosamente lo cuelga en la oficina o en la cocina.

- Lo que Dios nos da no son materiales de arte, mas los talentos, gustos, disgustos, el lugar exacto en el espacio y tiempo en que nosotros vivimos, las muchas oportunidades y retos específicos a los que nos enfrentamos.... y Él nos dice: "Aquí esta todo esto haz algo bueno y hermoso – Tengo todos estos ingredientes especialmente para ti – haz algo grandioso. ¡Estoy ansioso de ver lo que vas a hacer con todo esto! Nosotros, por supuesto lo hacemos un poco mas organizado de lo que un pequeño lo haría, mas no debemos olvidar usar el mismo plan de acción con la misma reverencia y confianza.

El proceso de discernimiento es un arte, no una ciencia, y toma tiempo y practica para uno acostumbrarse. Los dos pasos siguientes son un buen principio:

Paso 1: *Leer el Manual de Instrucciones de Dios: La Biblia*
En la Biblia, vemos como se desenvuelve la historia de la salvación. Aprendemos el plan de salvación de Dios Padre, la misión redentora de Jesús y el trabajo de santificación del Espíritu Santo. En la Biblia, Dios habla. Si necesitamos ayuda para encontrar nuestra vocación, ahí la encontramos. Si necesitamos ayuda para triunfar en la vocación a la que ya nos comprometimos, ahí también la encontramos.

Paso 2: *Seguir el consejo de San Ignacio de Loyola*

Ignacio, el fundador de la orden Jesuita, era un magnífico guía espiritual. Su libro "Los Ejercicios Espirituales" es un deber para aquellos que buscan lo espiritual. El describe en el los tres pasos hacia el discernimiento:

Primero, estar consciente de Dios. Tiene uno que estar abierto a la presencia de El en nuestras vidas, creyendo que El verdaderamente esta ahí esperando comunicar con nosotros. Una forma de hacer esto es, al terminar el día uno debe preguntarse como se siente uno acerca de su vida y espiritualmente. ¿Cómo estamos reaccionando a las circunstancias de la vida?

Segundo, cultiva entendimiento. Esto viene a través de reflexionar en nuestras acciones. Debemos preguntar a Dios cuáles sentimientos son de El y cuáles no son de El. Una vez que hagamos esto, entonces empezaremos a darnos cuenta de aquello que nos hace verdaderamente felices y lo que nos deprime. Hasta entonces empezaremos a escuchar la voz de Dios guiándonos por medio de ambos, nuestras emociones y nuestro razonamiento.

Tercero, empieza a actuar. Usa tu voluntad para escoger lo que Dios quiere para ti y rechaza lo que El no quiere.

Preguntas para reflexionar

1. ¿Cuál es el próximo paso en su camino a la santidad? Haga un plan sobre cómo puede crecer en santidad al siguiente día. Un plan con metas para la semana, el mes, todo un año.

2. ¿Cuál es su vocación primaria? Mencione cinco formas, pequeñas o sobresalientes con las cuales puede vivir su vocación cada día.

3. ¿Cuál es su vocación secundaria? Haga una lista de sus talentos, oportunidades e ideas que Dios le ha dado y que apoyan a esa vocación. ¿Ve a su trabajo como a una expresión de su vocación? ¿Se siente como aquél niño intentando crear una obra de arte o siente que su trabajo le esta consumiendo? ¿Porqué o porqué no? Y si es así, ¿que necesita cambiar para usted? ¿Una nueva carrera? ¿Responsabilidades diferentes? ¿Necesita usted cambiar su actitud?

Capítulo Dos

Conozca a Dios:
El poder de la oración

Oren sin cesar y den gracias a Dios en toda ocasión.; esta es, por
voluntad de Dios, su vocación de cristianos.

1 Tesalonicenses 5:17-18

*La oración nos ayuda en volver a descubrir la cara de un Dios amoroso.
El nunca abandona a su gente mas garantiza que, a pesar de pruebas
y sufrimiento, el bien triunfa al final.*

—San Juan Pablo II

Una noche invernal en 1987, yo estaba en uniforme de gala
en una de las capillas del Vaticano. Había entre cincuenta
y cien gentes. Habían venido para acompañar a Juan Pablo
II en una hora santa la cual iba a ser transmitida al mundo por
medio de Radio Vaticano.

Yo estaba en capacidad oficial, resguardando al papa, no a rezar,
así que mientras el y sus visitantes tenían los ojos cerrados y sus
cabezas agachadas en señal de oración, mis ojos estaban vigilantes.
Juan Pablo se hincó casi directamente enfrente de donde yo estaba
haciendo guardia y fue en él en donde yo enfoqué mi atención.
Mi enfoque, sin embargo no era puramente profesional. Había
algo mas detrás de la intensidad con la que yo lo observaba.
Supongo era curiosidad. Hacía poco tiempo de que yo había
llegado al Vaticano y todavía estaba yo tratando de conocer a este
papa. Estaba yo tratando de averiguar quien era él y qué lo hacía
funcionar. Esa noche obtuve mi respuesta.

Epígrafe. Audiencia General del Miércoles (Enero 26, 2005)

Conforme lo observaba pronunciando suavemente las palabras del rosario, el empezó a irradiar una paz y una calma como yo nunca antes había presenciado. Conforme pasaba el tiempo en que oraba, el parecía mas y mas alejado, hasta un punto en que parecía que nada ni nadie en ese cuarto podría traerlo de regreso de donde había ido. Obviamente el estaba físicamente presente, mas su espíritu parecía estar en un lugar muy lejano.

Yo nunca había visto orar así antes. Yo no sabía que era posible hasta esa noche. Yo siempre tuve la idea de que orar era como un acto de la imaginación, una fantasía mental que la gente inventaba para sentirse mejor acerca de algo. Casi como un niño platicando con un amigo imaginario. Mas no había nada imaginario acerca de lo que yo presencié esa noche. Este hombre no estaba fingiendo su inmersión en Dios. Lo que yo presencié fue profundamente verdadero y excesivamente deseable.

Durante el curso de los siguientes dos años, Innumerables fueron las ocasiones en las cuales observe a Juan Pablo II orar. Aprendí bastante sobre oración con el sólo observarle – lo que es la oración, cómo orar, y lo que conseguimos con la oración. También aprendí bastante acerca del papa con el solo verle orar. Descubrí que la oración era el corazón de todo lo que él hacía. Lo moldeaba, lo guiaba, le daba fuerza para dirigir. La oración es la que hizo a Juan Pablo II el hombre, el papa y el líder que él era. Le permitió inspirar a tantos tan profundamente. La oración puede hacer lo mismo para ti y para mí.

La naturaleza de la oración

En una ocasión escuché a Juan Pablo II decir que la oración es una habilidad que se aprende, algo que todos podemos hacer si solamente tratamos. En otras palabras, el orar no es una actividad solamente reservada para místicos y santos o sacerdotes y monjas. No es solamente algo que se hace los Domingos o antes de comer. Es algo para todos, a cualquier momento.

La razón esta basada en la naturaleza de la oración. Sabes, la oración no es tanto las palabra que vas a decir sino a quien se las dices. La oración es principalmente un encuentro con una persona. Es un intercambio entre Dios y tu. Todo lo que se intercambia entre un par de personas entra en intercambio entre tu y el Señor del universo: escuchando, o estando en silencio los dos únicamente.

Cuando Juan Pablo II oraba, eso es lo que sucedía. El conversaba con Dios sobre ambos: sus propias luchas, pesares y alegrías, y las del mundo también. El escuchaba a lo que Dios tenía que decirle. El también alababa a Dios, le decía cuánto le quería y agradecía por toda su misericordia, grande y pequeña. Sobre todo, el se regocijaba en la felicidad de la presencia de Dios, como dos amigos lo hacen.

Esto es la oración, un encuentro con Dios al cual todo ser humano es llamado.

Hay maneras diferentes de orar. Hay oración vocal, la cual es recitar oraciones especificas, tales como el Padre Nuestro y el Ave María. Hay también oración mental, la cual es como una conversación con Dios. Luego hay meditación, cuando uno reflexiona en un pasaje de las Escrituras o una verdad de la Fe. Finalmente hay contemplación, en donde Dios nos adentra en un estado de absorción en El, casi como cuando dos amantes se pierden uno en la mirada del otro.

De acuerdo a la enseñanza Católica, todas esas formas de oración tienen valor. Uno nunca pierde o sobrepasa la necesidad de decir oraciones vocales tales como el rosario. Uno nunca llega a ser demasiado santo o sabio para presentar nuestras necesidades a Dios en oración mental. Pongámoslo en esta forma: una esposa nunca se cansa de escuchar a su esposo decirle "te amo" no importa cuantos años han estado casados. Un padre nunca quiere que su hijo deje de comunicarle sus necesidades y luchas sin importar la edad de éste. Así Dios, El ni quiere ni espera que dejemos de decir las oraciones que aprendimos cuando niños o que seamos honestos con El acerca de lo que deseamos y tememos.

La razón, sin embargo no es que Dios necesite escuchar cincuenta Ave Marías o que El no sepa lo que queremos si no se lo decimos. La verdad es que la oración no es para el beneficio de Dios, es para el nuestro.

La necesidad de la oración

Dios quiere que oremos porque necesitamos la oración. Necesitamos estar en relación con El. Es para lo que fuimos hechos. La oración nos acerca a esa relación. La nutre, la sostiene y la ayuda a crecer.

La oración también nos cambia, mejor aún, nos ayuda a ser los individuos que Dios intentó que fuésemos. Cuando uno reza, uno aprende de Dios. Uno escucha Su voz guiándonos, y esto nos ayuda a hacer decisiones sabias. Llega a ser nuestra brújula, siempre guiándonos hacia el "verdadero Norte." Esa misma voz nos enraíza al verdadero significado y propósito de nuestra vida. Nos recuerda quién nos creo y con que propósito. "Nuestra vida puede ser comprendida y tiene significado solamente cuando la consideramos en su relación con Dios. De otra forma nuestra vida explota en mil problemas de una importancia "relativa" explicó Juan Pablo.

Es por esto que todas las formas de oración son importantes. Necesitamos oraciones vocales de la misma forma que una pareja de casados necesitan regularmente expresiones de amor del uno al otro. No olvidemos que el matrimonio es una reflexión de la Trinidad. Así que lo que hacemos en nuestro buen matrimonio es una buena analogía de cómo estamos invitados a tener interacción con Dios. Rezar el rosario cada mañana es en cierta forma como el esposo quien trae café a su esposa cada mañana. Es una expresión diaria de amor. El amor necesita esas pequeñas expresiones diarias. Necesita rutinas. Todos necesitamos rutinas. Ponen orden en nuestras vidas y nos ayudan a permanecer en el camino correcto. Oraciones vocales hacen esto para nosotros. Nos forman en el hábito de la fe.

De igual forma, necesitamos la oración mental. Necesitamos conversar con Dios, comunicar con El lo que esta pasando en nuestras mentes y corazones, porque necesitamos escuchas Su voz en relación a los problemas de nuestro día. Por eso es importante que la oración mental nunca llegue a ser únicamente un discurso sobre nuestras necesidades para Dios. Necesita ser una verdadera conversación, con intensos periodos de solamente escuchar.

Necesitamos meditación, con la concentración intensa que la reflexión trae y las conexiones que nos ayuda a hacer entre los eventos de la Escritura o las enseñanzas de la iglesia y las realidades de nuestra propia vida. De igual forma necesitamos contemplación. Necesitamos descansar en la presencia de Dios y aprender a recibir la gracia que El nos quiere dar.

La oración y el papa

En todas esas formas, la oración moldeó el liderazgo que Juan Pablo II ejercitó en la iglesia.

Primero, la oración reorganizó su visión, ayudándole a ver todos los eventos de su vida y papado de acuerdo al plan de Dios. Esto, por ejemplo, es la razón por la que el pudo dar gracias a Dios por el atentado a su vida hecho por Ali Agea en 1981.

En Mayo 13 de ese año, mientras saludaba a peregrinos en la Plaza de San Pedro, Juan Pablo fue balaceado muy de cerca por el asesino Turco.[8] El dio crédito a la intercesión de la Virgen María por el haberse escapado de la muerte. Ese día del atentado era una de las gran fiestas del memorial de Nuestra Señora de Fátima. En ese día, sesenta y cuatro años antes , María predijo la caída del comunismo en Rusia. Juan Pablo no vio la coincidencia. De lo contrario, el vio el atentado y su recuperación como una señal. Esa señal, comprendida a través de la oración, clarifico su visión y lo hizo mas resoluto en su propósito contra el comunismo.

Juan Pablo II vio la gran lucha de su vida en esa forma – la pérdida de su madre a una temprana edad, la muerte de su joven hermano y luego su padre, su persecución en las manos de los Nazis y los Soviéticos. Todas esas fueron experiencias que fácilmente pudieron haber destruido su fe o haberlo hecho amargado y duro. La oración permitió a Juan Pablo II ver esos eventos, a través del amor del Altísimo, como preparación para el servicio que eventualmente estuvo llamado para dar a Dios y a Su iglesia.

Oración es también lo que guió a Juan Pablo II . Durante los años en que yo lo serví y mucho después, el obtenía su inspiración y hacía la mayor parte de sus escritos en su capilla privada, enfrente de la Eucaristía. El también pasaba horas postrado en oración. Alababa a Dios, estaba con Dios, presentaba sus peticiones a Dios, y los eventos y problemas que estaba pasando se los presentaba a

Dios. En oración el reflexionaba en lo que otros le habían dicho, lo que otros deseaban que el hiciese. Cuando se alejaba de la capilla, el actuaba basado en el conocimiento y entendimiento que había obtenido durante esas horas.

Cuando se les pregunta a gentes quienes conocieron a Juan Pablo II en persona cual fue su impresión casi siempre contestan lo intensamente que el se enfocó en ellos. "Como si hubiese sido yo la única persona en el mundo," es la respuesta que a menudo se escucha. Eso también vino de la oración. La oración hizo a Juan Pablo II un mejor escucha. Al aprender a estar concentrándose en Dios, el también aprendió a concentrarse en otros, a olvidarse de todo lo demás y vivir el momento.

Años mas tarde, cando visite al Vaticano o hablaba con un amigo de ahí y preguntaba acerca del papa, escuchaba que estaba haciéndose muy frágil y que el pausadamente se estaba volviendo un prisionero en su propio cuerpo El hombre fuerte y atlético a quien había yo servido enflaquecía lentamente. Mientras el mundo físico lentamente iba perdiendo su fuerza en el, la eternidad se le afianzaba con firmeza.

"El deja de orar únicamente para hacer lo que necesitamos que haga y regresa a su oración" alguna vez me mencionó un amigo.

La oración, hasta el final, era el refugio de Juan Pablo II. El no se retiraba a la oración para escaparse de las demandas de sus ayudantes y del mundo sino para estar solo con Dios a quien el amaba sobre todo lo demás.

Esas horas solo con Dios alimentaban ese amor. Le enseñaron quien era Dios. Le revelaron Su gloria, Su corazón misericordioso y Su compasión paternal. Todo lo que era revelado a Juan Pablo en oración el compartía con el mundo. Porque el sabía quien era Dios, el podía presentar la fe Católica en una forma optimista y positiva – no como un grupo de reglas o limitaciones, mas como el camino misericordioso hacia el mismo Cristo.

Así fue como el presentaba la fe al mundo, y así es como me la presentó a mí. En las conversaciones que tuvimos, el no era una figura seria o autoritaria, dándome una cátedra y haciéndome sentir inadecuado. Era como un réferi, urgiendo a uno de sus atletas. Su propia confianza en el amor y misericordia de Dios era transparente en nuestras conversaciones e hizo parecer a la santidad no necesariamente fácil, pero posible. Esta también fue la razón por la que el canonizó y beatificó a tantos hombres y mujeres: 1,345 sacerdotes, religiosos y gente laica fueron declarados "Santos" durante su termino y 483 fueron declarados santos. El quería mostrar al mundo que Dios no llamaba solamente a los primeros Cristianos a la santidad. El nos llama a todos nosotros a la santidad y nos da a todos sus hijos la gracia de llegar a serlo.

La gente escuchaba lo que Juan Pablo II decía. Ellos creyeron gracias a su ejemplo. Entendieron por su enseñanza. Un sinnúmero de vidas fueron cambiadas por la clase de hombre y líder que Juan Pablo II fue. El fue el hombre y el líder que era principalmente debido a su relación con Dios, una relación forjada y sostenida a través de la oración.

La oración y el ejecutivo

Toma mucho mas esfuerzo administrar un negocio o dirigir a un equipo que orar. Todas las oraciones del mundo no van a reemplazar la falta de destreza. Piedad no reemplaza experiencia o conocimiento. Lo hace mejorar. Hace esto en dos formas principales.

Primero, la oración puede ser una fuente de dirección y confianza. Entre mas se ora, mas se aprende a discernir la voz de Dios. Cuando hay enfrente varias opciones, ya sea emplear a alguien o escoger a un nuevo socio en los negocios, lanzar un producto nuevo, usualmente se consulta con alguien – consejeros, socios, esposo(a). Uno desea la opinión de otra persona además de la propia. Bien, Dios también tiene que opinar. Casi siempre El tiene alguna sabiduría u opinión que impartir que ayudará en la decisión. Llevando esa decisión a la oración es como se obtiene la opinión que El ofrece.

Esa opinión es tanto para nosotros, como también para la decisión que vamos a tomar. Uno gana auto-conocimiento en oración. Uno puede ver porqué estamos inclinándonos hacia emplear a cierta persona o porqué no nos sentimos seguros de finalizar un cierto contrato. En una ocasión, orando, me di cuenta que estaba yo permitiendo que una experiencia pasada me influenciara en actuar injustamente con otra persona en el presente. En otra ocasión diferente llegué a comprender que la razón porque no deseaba yo finalizar un trato no era porque este era malo, sino porque no me agradaba la dirección y valores de la compañía responsable. Estos son ejemplos de la forma en que la oración nos puede ayudar.

Buscando la perspectiva de Dios también nos ayuda a comprender mejor a la gente con quien y para quien trabajamos. Aprendemos a verles por medio de Sus ojos. Nos vemos forzados a contemplar cómo Dios resolvería el problema o las dificultades y a darnos cuenta de nuestros, a menudo imperfectos, impulsos de reaccionar con enojo o frustración. Nos vemos forzados a considerar lo que es justo y misericordioso. La oración es una herramienta de justicia y misericordia que nos ayuda a tratar a otros con tiempo, en la forma y en la hora correctos – porque nos conecta con Dios quien es justicia y misericordia.

Sin embargo, la oración no es un pozo mágico de deseos, o una maquina distribuidora automática de sabiduría espiritual. Hay ocasiones en que Dios no nos responde de inmediato. Cuando pedimos ayuda o entendimiento, podría ser que haya únicamente silencio. Esto también es una forma de ayuda. Hace que nos detengamos. Dilata la acción hasta el momento apropiado, y nos enseña la importancia de ser pacientes.

En todas esas formas anteriores la oración nos sirve como guía para administrar un negocio exitosamente y para vivir una vida feliz. Mas importante que recibir esa guía de Dios es lo que esa guía transforma en nosotros.

Una escuela de humildad

Siempre que oramos, estamos aceptando nuestra dependencia en alguien mas. Estamos aceptando que Dios es el Creador y que nosotros somos meramente criaturas, viviendo en servicio de alguien mucho mas poderoso que nosotros. Lo que la oración nos enseña es la virtud de la humildad. Hay pocas virtudes mas importantes para cualquier líder.

Sin humildad, es muy fácil que cualquier cosa que tu hagas se convierta en todo acerca de ti, éxito, todo acerca de ti, Derrota, toda acerca de ti. Decisiones, todas acerca de ti. Entre mas esta clase de mentalidad se apodere de un líder, el se olvida mas pronto del verdadero propósito de su trabajo. Se le olvida la clientela para quien trabaja y a la gente a quien dirige. Se le olvida que no solamente esta dirigiendo a un equipo y que el es parte de ese equipo y ultimadamente responsable por el entusiasmo de ese grupo. Ese olvido se manifiesta en cosas como elevadores separados y entradas para el ejecutivo especiales o cualquier otro numero de privilegios diseñados con el propósito de separar a los líderes del resto del negocio. También se manifiesta en el hacer decisiones erróneas, por orgullo y sin pensar bien en lo que se esta haciendo.

Decisiones súbitas, para salir del paso y sin la intención de que sean permanentes causan mucho daño a las empresas. Aún mas dañinas son las decisiones basadas en el orgullo del dueño o ejecutivo. El orgullo destruye la perspectiva. Nos dirige no solamente a creer que nosotros sabemos mas que los demás, sino también que nosotros, en efecto, somos los únicos que sabemos mas que los demás.

Años atrás cuando yo trabajaba aun con FTP Software, el ejecutivo de nuestra compañía decidió comprar otra empresa que estaba dentro de mi territorio. Esta empresa era un total caos – no estaba bien administrada, no tenía suficiente personal y estaba impregnada por una cultura de decepción. Yo estaba consciente de esto, los familiarizados con esta compañía lo sabían. El ejecutivo nunca me preguntó. El asumió que su decisión era lo mejor para nuestra compañía y mas tarde pagó un buen precio por su orgullo.

En otra empresa para la que trabajé, El ejecutivo tuvo una oportunidad increíble de asociarse con una empresa joven, al margen de la industria contemporánea. El Ejecutivo de nuestra empresa dijo que el no deseaba "asociarse con esos chicos." En mi concepto lo que el no deseaba admitir era que, una firma dirigida por un grupo de novatos tenía la capacidad de ayudarnos. Otra vez, el orgullo venció.

En tiempos bíblicos en el Jardín del Edén la serpiente jugó con el orgullo de Adán y Eva ocasionando la caída de ellos de la gracia de Dios. Les dijo que no se preocuparan de lo que Dios les había indicado, que hicieran lo que ellos querían y nada pasaría. Lo mismo sucede en los negocios grandes y pequeños en estos tiempos. El orgullo es el que rige. Alimenta desilusiones. Hace que la gente piense que son invencibles y están mas arriba de los reglamentos y obligaciones los cuales otros tienen que respetar. También hace que olviden sus obligaciones y los ciega al conocimiento y talentos que otros pueden ofrecer.

El único antídoto al orgullo es la humildad, y la oración verdadera siempre produce esa virtud. Nos recuerda de nuestra dependencia en la gracia de Dios y los regalos que nos da a través de otros. También produce líderes quienes se conocen a sí mismos, conocen a Dios y conocen a otros con una claridad y sabiduría que no puede obtenerse meramente por medio del esfuerzo humano. La oración nutre a líderes con toda la gracia que estos necesitan para administrar.

***

Juan Pablo II escribió alguna vez que bastantes gentes le habían dicho que no sabían rezar. Su respuesta siempre fue la misma. "Todos podemos orar," el decía "Es muy fácil. Lo mas importante es seguir haciéndolo."[9]

Muchos de nosotros tenemos poco que decir acerca de la calidad de nuestras oraciones. La calidad es un regalo de gracia que viene de Dios. Algo en lo que nosotros tenemos la palabra, sin embargo, es cuánto rezamos. Podemos escoger el hacer un hábito el depender de Dios. Podemos escoger ir a El una y otra vez, para formar una relación. O podemos escoger el ignorarlo.

Cada vez que rezamos escogemos a Dios. Entre mas hagamos ese esfuerzo, mas fácil se va haciendo. Entre mas fácil se nos hace orar, mas a menudo nos encontraremos orando. Es un círculo, mas es un círculo de gracia con Dios dirigiéndonos mas y mas, a menudo en formas desconocidas o imperceptibles.

Yo descubrí esta verdad cuando aún era guardia Suizo y Juan Pablo II me dio un hermoso rosario, uno con su muy especial crucifico de Salvador Dalí. "Di esta oración. Es mi oración favorita," me dijo el en aquél entonces.

Yo lo recibí, mas sin tener idea de cómo usarlo. Otro sacerdote en el Vaticano mas tarde me enseñó como rezar el rosario, y practicando poco a poco lo que el me había enseñado, llegué a amarlo también. Ha sido a través de esa oración que he llegado a comprender mucho acerca de Dios y de Su voluntad en mi vida, incluyendo Su llamado a dejar la guardia y casarme con Michelle.

Todavía llevo conmigo ese rosario en mi bolsillo a donde quiera que voy. Es un recordatorio para orar y una ayuda a la oración. Mas que eso, al través de los años he cultivado el habito de tenerlo en mi mano cuando estoy conversando con gente en el trabajo. Me recuerdo que debo escuchar a la gente cuando me hablan, que debo esperar hasta que me digan lo que tienen en la mente y pensar antes de hablar. También me recuerda a Dios y en mi dependencia en El tomando en cuenta que esto es una oración en sí.

Oración practica

¿Tratando de profundizarse en su vida de oración? Las siguientes sugerencias pueden ayudar:

1. Este consciente. Antes de empezar, enfóquese en el hecho de que Dios esta presente y escuchando. Todo el tiempo que esté en oración, continúe cultivando el siempre tener presente Su presencia.

2. Hágalo con calma. Cuando lea Las Escrituras o los escritos de los padres de la Iglesia, doctores, y santos, no se apresure de un versículo al otro. Considere a esa lectura como una carta de amor de Dios, saboree el texto, pídale a Dios que le ayude a entender la conexión entre las palabras en la página y las circunstancias en su vida y corazón.

3. Alabe Siempre. Nunca tome el amor y la bondad de Dios como un hecho. De gracias mencionando todo lo que El es y todo lo que ha hecho por usted.

4. Pídale Perdón a Dios. No tiene que esperar a confesarse para examinar su conciencia. Haga un hábito de hacerlo cada noche. Entonces exprese a Dios contrición y pida la gracia de ser mejor al siguiente día.

5. Ponga Atención. Escuche la voz de Dios en los movimientos de su alma y este pendiente de sentimientos de consolación y desolación (felicidad y sufrimiento) conforme reza.

6. Planee la Oración. No deje pasar ni un día sin hacer planes para la oración. Separe un tiempo para Dios y nunca falle. También cultive un ritmo de oración durante el día: rece el Ángelus a las doce, de gracias antes de los alimentos, y haga pequeñas invocaciones tales como "Señor, ayúdame" antes de empezar tareas difíciles.

7. Rece en todas las situaciones. Haga de su vida una oración haciéndose un regalo a si mismo. Esto puede incluir ayuno regular y actos de sacrificio, dando generosamente a esos que lo necesitan y haciendo a un lado sus propios planes para ayudar a otro. Cada vez que usted hace uno de estos sacrificios, sean estos grandes o pequeños, mencione silenciosamente, "Señor, te ofrezco esto."

Preguntas para reflexionar

1. Describa su vida de oración ideal. ¿Cuándo reza? ¿Cómo? ¿Adónde? ¿Qué tan a menudo? Formule un calendario de seis meses y ponga su plan en marcha.

2. Le ha pedido ayuda a Dios, alguna vez, en una situación difícil ya sea en el trabajo o en el hogar? Describa la diferencia que hizo.

3. Describa una situación difícil en el trabajo en donde no pidió ayuda o consejo a Dios ¿Por qué? ¿Cuál fue el resultado?

4. Mencione cuando menos tres formas en donde orando acerca de su trabajo y al formular decisiones podría hacer de usted un mejor líder.

Capítulo Tres

Sepa reconocer lo que es justo:
La ética y la persona humana

"El que sabe, pues, lo que es correcto y no lo hace, esta en pecado."

Santiago 4:17

Cada individuo, en cierta forma, esta llamado a trabajar para el bien común, buscando constantemente el bienestar de otros como si fuese para el suyo propio.

—San Juan Pablo II

n Junio 6 de 1987 me asignaron a la guardia de honor a la entrada del Palacio Papal. Por lo regular este trabajo no es uno de los mas deseables entre las tareas de un Guardia Suizo. El propósito de esta tarea es suficientemente noble: Uno es considerado representante del Papa a la entrada de su hogar y la presencia del guardia es un signo de respeto a invitados especiales y dignatarios. La tarea no requiere que el guardia haga nada o que diga algo. Uno solamente esta ahí parado.

Sin embargo, este día en particular, hubo un poco mas de excitación en el puesto.

Una formación de treinta y dos autos lentamente iban entrando mientras yo estaba parado cerca de las escaleras en el patio de San Dámaso. De uno de esos autos salieron el Presidente Ronald Reagan y su esposa Nancy. El Obispo Dino Monduzzi, Prefecto de la Casa Papal salió a recibirles y les introdujo a una fila de dignatarios del Vaticano que incluyeron el Comandante

Epígrafe. Mensaje para la celebración del Día Mundial de la Paz (Enero 1, 2005)

de los guardias Suizos. Entonces, después de que Reagan dio un amable saludo militar a la fila de Guardias formados en su honor, la pareja procedió hacia los escalones en donde yo estaba parado. Como mi trabajo constituía el dar la impresión de una estatua viviente, no me estaba permitido voltear la cabeza para ver bien al décimo-cuarto Presidente de los Estados Unidos, en aquél entonces el hombre mas poderoso en el mundo y un ícono de libertad y democracia durante la cúspide de la Guerra Fría. De reojo, sin embargo, lo observe a él y a su esposa pasar. Se les veía felices, sonrientes, confiados, y sorprendentemente mayores de lo que parecían en televisión.

Unas horas mas tarde, la pareja salió del Palacio Papal, habiéndose entrevistado primero con el Cardenal Casaroli, el Secretario de Estado del Vaticano y mas tarde con el Papa. Nadie sabe lo que se discutió en esa asamblea ese día. Los asuntos que el Papa y el Presidente discutieron detrás de puerta cerrada. Mas solamente dos días mas tarde, estando en frente de las Puertas infames de Brandenburg, Ronald Reagan dio lo que quizá fue su mas recordado discurso de su presidencia.

"Sr. Gorbachev," el declaró, "destruya esta pared."

El poder de una imaginación moral

Esas son las palabras que todo el mundo sabe del discurso de Reagan. Menos conocidas son las palabras que dijo al final:

> El mundo totalitario produce un retroceso porque causa tanta violencia en el espíritu. Bloqueando el impulso humano de crear, disfrutar, adorar. Para el mundo totalitario símbolos de amor y de religión son un insulto o amenaza. Años atrás antes de que Alemania Oriental empezara a reconstruir sus iglesias, edificaron una estructura secular: la torre de televisión en Alexander Platz. Virtualmente desde que las autoridades han estado trabajado para corregir lo que ellos consideran como la falla mas grande de la torre, tratando de corregir la esfera de vidrio de hasta arriba con

pinturas y químicos de todas clases. Aún así cuando el sol llega a alumbrar la esfera – misma que sobresale por todo Berlín – la luz forma el signo de la cruz. Ahí en Berlín, en la misma ciudad, el símbolo de amor y de veneración no pueden ser suprimidos.

Estas palabras probablemente fueron escritas mucho antes de la reunión de Reagan con Juan Pablo II, y aún así siento que son el resultado del intercambio que esas dos grandes personalidades tuvieron ese día. El Presidente y el Papa eran aliados en la batalla contra el estilo del comunismo Soviético. Ninguno de ellos consideraba que la batalla era meramente política. Para ambos significaba una lucha existencial sobre la verdad de la persona humana.[10]

Para Juan Pablo II en particular, la gran maldad del comunismo era el materialismo que existía en el corazón de éste. El comunismo negaba a Dios. Negaba lo trascendente. Únicamente estaba enfocada en lo mundano. Valoraba únicamente a lo que era visible.

De acuerdo a esto, era una ideología que igualaba "el tener mas" con "el ser mas" y sus patrocinadores cometieron toda clase de atrocidades, prohibiendo numerosas libertades y violando numerosos derechos por medio de sus supuestos esfuerzos para asegurar la mayor felicidad material para la mayoría de la gente.

Juan Pablo II reconoció lo obscuro del comunismo perfectamente. El vivió por tres décadas – de Sacerdote a Cardenal – bajo el poder del comunismo en Polonia. Mas su oposición a la Unión Soviética no se basaba en sus experiencias personales de las atrocidades comunistas. Estaba basada en lo que él reconocí como la verdad, lo correcto, y lo mejor. Su oposición era ética mas que personal. De la forma en que él conocía la ética, lo que era bueno y lo que era malo, le proporcionó la claridad de visión y fuerza de convicción para oponerse firmemente al comunismo.

A pesar de amenazas constantes, del atentado a su vida en 1981 lo que muchos aseguran fue planeado por el KGB (Policía Secreta de Rusia), a pesar de todo lo que lo presionaba a que dejase de hablar contra el comunismo, Juan Pablo II persistió publica y privadamente en su oposición al sistema totalitario. Ahí en donde emociones o rencores personales podrían haber nublado su imaginación o puesto obstáculos en sus opiniones, su firme sistema ético produjo lo opuesto.

La Muralla de Berlín justamente se vino abajo solamente dos años después de aquél encuentro del Presidente con el Papa en 1987. Todos los que se vieron involucrados en esa lucha, desde el Presidente de los Estados Unidos a los primeros presidentes electos de los Partidos Demócratas del mundo oriental acreditaron la transparente visión moral del Papa como una de las principales razones de este suceso.

Sistemas éticos en competencia
Utilitarismo vs. balance

Hace ya mas de dos décadas de la caída de la Unión Soviética. Mientras que Rusia no es un modelo de Democracia en el presente, el esfuerzo en que Juan Pablo II y Reagan estuvieron envueltos al parecer terminó, o ¿talvez no?

De diferentes maneras la mentalidad materialista que el Papa combatió aún continúa en la actualidad en forma de relativismo Oriental y urgencia de comprar compulsivamente. Ambos, como el comunismo, niegan lo trascendental. Ambos comparan "tener" con "ser" y hacen a un lado la verdad absoluta. Los frutos del materialismo moderno son evidentes en todos los aspectos de la vida Occidental, desde el decaimiento de la familia al deplorable estado en la educación. También son evidentes en la forma en que negociamos.

No tenemos mas que ver la reciente derrota económica acaecida después de la crisis por la inhabilidad de cubrir pagos de hipotecas de préstamos de baja-calidad como evidencia. La ruina financiera de millones no sucedió por error de una persona o una compañía, sino por un sin fin de individuos, desde poderosos ejecutivos y gobernantes a pequeños hipotecarios y especuladores de bienes raíces quienes pusieron ganancia financiera sobre negociar justa y correctamente. Ellos no actuaron solos. En sus esfuerzos fueron ayudados por millones de consumidores quienes compartían sus valores.

Esos valores no fueron obtenidos de la noche a la mañana. Fueron formados poco a poco, por años de decisiones y hábitos aparentemente inconsecuentes, el tipo de decisiones las cuales son fáciles de pasar por desapercibidas. Un pequeño errorcito aquí, un aumentito a la cuenta de gastos allá, así es como empieza. A la hora en que un gran dilema ético se presenta, ya es muy tarde. La respuesta ha sido bien formada por los miles de pequeñas decisiones erróneas que se hicieron a través de los años.

Por eso es tan importante aproximarnos a ambos, vida y trabajo como lo hizo Juan Pablo II, con un sistema moral claro, un sistema de ética que sirve como compás, marcando consistentemente en la dirección correcta sin importar las circunstancias o retos a los que nos enfrentemos.

Ese sistema ético necesita basarse en mas que lo que la cultura cree es correcto en cualquier tiempo u hora. También necesita basarse en mas de lo que la ley dice que es correcto en cualquier tiempo u hora. Nunca ninguno de ellos es suficiente. Ambos pueden cambiar. Ambos pueden estar erróneos. Ambos pueden desmoronarse cuando se les pone a prueba.

De nuevo miremos a la crisis de préstamos de baja-calidad. Mucho de lo que sucedió fue legal. Los productos que las compañías hipotecarias ofrecieron fueron diseñadas a caer ligeramente al lado derecho de la ley. Mas, ¿fueron esos productos morales? ¿Fue una buena ética el crearlos, ofrecerlos, y comprarlos? Solamente si la ética que se usa es: ganancia financiera a corto plazo a cualquier precio.

Si desea guiar a su grupo honesta, justa y exitosamente en la eventualidad, además del conocimiento de la ley usted necesita una medida verdadera con la cual evaluar las decisiones que usted hace día a día. Necesita un sistema claro y consistente que va de acuerdo con la verdad acerca del hombre, del mundo y Dios. Ese fue el sistema que Juan Pablo II propuso. Es un sistema derivado de la primera carta de Juan: "Queridos míos, amémonos unos a otros, porque amor viene de Dios. Todo el que ama ha nacido de

Dios y conoce a Dios. El que no ama no ha conocido a Dios, pues Dios es amor" (I Juan 4:7-8).

El problema del utilitarismo: Éticas enfocadas en uno mismo

Antes de definir el sistema propuesto por Juan Pablo, nos ayudará el definir primero lo opuesto: utilitarismo. Mucha gente, sin estar consciente, se rige por un sistema de ética utilitario. Ellos consideran el placer en esta vida lo máximo que el hombre puede obtener, y creen que asegurando la máxima cantidad de placer para el mayor número de gente es la meta de actividad política, económica y social. Si la felicidad o aún la vida de algunas gentes se debe sacrificar para poder proporcionar ese placer al mayor número de gentes es aceptable de acuerdo al sistema utilitario. Si una persona necesita ser usada para el placer de otra por el bien del placer, también esta bien.

Utilitarismo es el sistema ético detrás de la pornografía. Nos dice que es correcto tratar a otra persona como a un objeto y pedirles que hagan cosas que les dañan física, emocional y espiritualmente para que otro pueda obtener satisfacción sexual.

Utilitarismo es también el sistema ético detrás de la polución. Aprueba el que una compañía opte por no instalar mecanismos que prevengan químicos tóxicos o partículas venenosas de penetrar en el agua o en el aire, porque al hacerlo afectaría sus ganancias financieras.

Utilitarismo es lo que permite que un Ejecutivo despida a un empleado muy trabajador mientras que los empleados administrativos usan el jet de la compañía para propósitos personales; que Ejecutivos de la compañía cobren bonos muy altos mientras que no remuneran suficiente a sus accionistas; que Ejecutivos de la empresa se sientan cómodos en convencer a la gente de gastar mas de lo que tienen. Es por lo que muchas corporaciones se vuelven tan tolerantes de violaciones de reglamentos morales (mentir sobre la capacidad de un producto o riesgo de una inversión) entre sus empleados. Se ve a todo y a todos con un lente de ganancia financiera y placer inmediatos. Todo y todos representan un medio de medida de placer.

El sistema ético propuesto por Juan Pablo: Ética centrada en la persona
No se supone que debe ser así. La persona humana esta hecha a
la imagen de Dios. Somos la corona de la creación, destinados a
participar en la Naturaleza Divina para ser los hijos adoptivos de
Dios viviendo en Su presencia por la eternidad. Todos tenemos
la oportunidad de un fin que es mucho mas glorioso que la mera
experiencia del placer.

Por esa razón una persona nunca puede ser un objeto. Nunca
puede ser usado como parte de una finalidad. Una persona puede
escoger el sacrificarse por un bienestar mayor. Un soldado puede
morir por su país, una madre puede quedarse sin comer para que
su bebé pueda comer, mas nadie puede hacer este sacrificio por
ellos. Nadie puede forzarlos. Al contrario, Juan Pablo declaró "la
persona es de tal naturaleza hacia la que amor es la única actitud
adecuada y propia."[11]

Estas verdades son el corazón del sistema de Juan Pablo II.[12]
Juan Pablo vivió de acuerdo a un sistema ético que pone a la
persona humana al centro de toda actividad. La medida con la
cual promovía lo bueno de la persona humana era la misma con la
que él juzgaba ideas y acciones. De igual forma él creía que, amor,
no el deseo de obtener máximo placer, era la fuerza que debía
motivar toda acción.

Juan Pablo II no guardaba secreto su sistema ético. Es muy
obvio en las dos publicaciones filosóficas que publicó antes de su
Papado "La Persona Actuando" y "Amor y Responsabilidad." Y
casi todo lo que escribió posteriormente. En esa primera encíclica
Juan Pablo introdujo un tema que resonaría a través de su Papado.
El escribió:

> ¿ Es que este progreso que tiene al hombre como autor y
> promotor, hace la vida humana en la tierra 'mas humana'
> en cada aspecto de esa vida?... Que es lo mas esencial – si
> en el contexto de este progreso el hombre, como hombre,
> esta verdaderamente mejorando, en otras palabras mas
> maduro espiritualmente, mas consciente de la dignidad
> de su humanidad, mas responsable, mas abierto a otros,

especialmente a los mas necesitados y débiles, y lo alista para ser mas generoso y ayudar a todos.[13]

Aquí muestra su sistema en pocas palabras, la razón por la cual Juan Pablo II tan resueltamente se opuso al comunismo. En el comunismo, el bienestar de la persona es secundario al bienestar colectivo. En sociedades comunistas, los individuos no han sido amados por aquellos quienes los gobiernan; todos han sido usados. El bienestar de ellos nunca es considerado. Quienes son ellos, quienes los hizo ser Dios, sus propios deseos y esperanzas –ninguno de esos son tomados en consideración por el sistema comunista. El comunismo los hace menos, no mas humanos.

Por esta razón Juan Pablo II estuvo en contra de sistemas de capitalismo que no fueron apoyados por una ética Judia-Cristiana de caridad, honestidad y responsabilidad personal. El vió en los predecesores de prestamistas de hipotecas corruptos y ejecutivos de Enron la misma ética utilitaria que impulsó las ruedas del comunismo.

Sobre todo, esa ética centrada en la persona fue la razón por la cual Juan Pablo siempre fue un firme defensor de ataques contra la dignidad de la persona humana – aborto, contracepción, eutanasia y la decadencia de la familia. El veía todas esas acciones e incontables movimientos políticos y sociales denigrando al hombre, haciéndolo parecer menos de lo que en realidad es. También observó a gentes usando a otros, por motivos de placer personal a cualquier costo. El sabía lo fundamentalmente destructivas que son esas actitudes.

Esto fue obvio en sus palabras a los Corporales Diplomáticos del Vaticano en Enero 13, 2003. Aquél día el volvió a repetir un pensamiento que había dicho muchas veces antes:

Respeten la vida misma y vidas individuales: todo empieza aquí, pues el mas fundamental de los derechos humanos es en verdad el derecho a vivir. El aborto, eutanasia, imitación del ser humano, por ejemplo, corren el riesgo de reducir a la persona humana a ser solamente como un objeto: vida y muerte a la orden. [14]

Siempre que una nueva pregunta o controversia se presentó, Juan Pablo II usaba la bondad de la persona humana como su medida, su instrumento para evaluar y juzgar el valor de las cosas. Ese instrumento de medir fue su constante e incambiable ética enraizada en una verdad revelada divinamente. El no necesitó que el gobierno le dijese que era justo oponerse al aborto. No necesitó que la cultura le dijese que debía de apoyar a la Iglesia a iniciar hospicios de CIDA a través de África. El tenía principios con que se guiaba; un sistema ético que siempre le guió ayudándole a conocer la diferencia entre el bien y el mal.

Otros reconocieron eso, incluyendo el Presidente Reagan. Es por eso que consideró a Juan Pablo II como a un valioso aliado en la lucha contra el comunismo e hizo el propósito de reunirse con él antes de hacer el dramático llamado para el derrumbe de la Muralla de Berlín. También los comunistas lo reconocieron. Es por eso que hicieron todo lo que pudieron para hacer menos y callar al Papa. Todos los que servimos al hombre, que lo observamos día a día aplacando tormentas de controversia y critica pública también lo reconocimos.

Administrando con ética centrada en la persona

La ética centrada en la persona de Juan Pablo es tan efectiva en una empresa como lo es al en la Iglesia. Entendida apropiadamente nos da las herramientas que necesitamos para dirigir al grupo o a la empresa directamente y a través del laberinto moral del mercado.

Ese entendimiento es iniciado al reconocer que toda actividad económica es iniciada por seres humanos. No en una forma abstracta, mas específicamente e individualmente. Una empresa existe por dos razones: para satisfacer las necesidades de sus clientes y permitir a empleados e inversionistas ganarse la vida mientras usan los regalos que Dios les dio y ponen sus talentos al servicio de otros. Estos individuos están al centro de cada empresa y de cada actividad empresarial. Las decisiones hechas con una ética centrada en la persona les mostrará una meta en donde ambos son obtenidos el bienestar de la clientela y el bienestar de los empleados.

La palabra clave es "ambos." Nunca es suficiente para una empresa servir a su clientela al costo de la salud y bienestar de sus empleados o vise-versa. El bienestar de ambos debe ser asegurado.

Los objetivos se organizan correctamente
Para ilustrar este concepto podría sernos útil el brevemente considerar las enseñanzas de la Iglesia sobre el matrimonio. En la tradición Católica, el matrimonio esta considerado como la suma relación humana, una relación basada en la vida y amor de la Trinidad siendo así un modelo, en varias formas para todas las demás relaciones humanas, incluso relaciones de negocios.

El primer objetivo del matrimonio es la procreación - la propagación de la raza humana al tener hijos en un medio estable y amoroso. El segundo objetivo es mutuo apoyo – el proporcionar a dos seres el beneficio del consejo y ayuda de uno al otro para que pudiesen crecer en sabiduría y amor. El tercer objetivo es la consumación del deseo de la pareja. La felicidad psicológica y física que puede producir el amar y ser amado.

Ninguno de estos objetivos puede ser obtenido a expensas de uno de ellos. Si un hombre se casa solamente para satisfacer sus deseos físicos y no tiene interés en ser apoyo para su esposa o desear tener hijos, él esta actuando en una forma no ética. También esta violando la ética centrada en la persona. (esta usando a otra persona para su propia satisfacción o en otras palabras, no para el bienestar mutuo).

Igualmente en otros tipos de relaciones. Todas las buenas relaciones humanas de alguna forma deben ser alentadoras, deben de proporcionar apoyo mutuo y deben ser psicológica y físicamente beneficiosas para los participantes.

Por lo que trata de negocios específicamente, esos objetivos generales se convierten en una forma concreta.

1. Un negocio proporciona vida, cuando un grupo de individuos participan en el poder creativo de Dios, trabajando juntos para perseguir un bien común dando vida a una idea, producto o servicio. Esta norma es la que hace el trabajo espiritualmente

satisfactorio. Es violado cuando la idea, producto o servicio destruye literalmente la vida (p, Ej., Maquinas de suicidio, drogas peligrosas, etc.) o algo que destruye la vida espiritualmente ya sea para el individuo o para la cultura (p. Ej., Pornografía).

2. Un negocio produce apoyo mutuo cuando satisface las necesidades legítimas de la clientela a un precio competente. "Legítimas" significa morales, necesidades que no causan daño físico o espiritual a la persona.

3. Un negocio beneficia a empleados y propietarios psicológica y físicamente cuando genera suficientes utilidades para sostener a un sistema razonable de ganancias financieras (tanto salarios como utilidades para los accionistas). Esto es muy importante tanto para atraer buenos empleados que ayudarían a mantener la calidad estable del negocio y también para sostener a sus inversionistas.

El descuidar cualquiera de esos objetivos haría a la empresa menos exitosa. Ignore a la persona que es centro de la actividad, ignore al grupo y asfixie la creatividad y el éxito de su empresa sufrirá. Ignore las necesidades legítimas de la clientela y fabrique productos que son destructivos o inútiles y el negocio se terminará. Ignore el dar recompensas monetarias e incentivos justos a los que participan en el negocio y no remunere a sus accionistas compartiendo los valores o ganancias y su empresa no podrá sostenerse.

Lo que es verdadero en relaciones humanas es verdadero en relaciones de negocios. El bienestar de la persona siempre es primero. Esto debe ser la guía para tomar decisiones, establecer reglamentos y procesos de ejecución. Tiene que ser la base de su ética profesional y personal. Solamente así su empresa y todo lo demás en su vida florecerá.

***

En 1988, poco después de que el Papa regresó de su visita a Berlín, yo estaba haciendo guardia afuera de su apartamento privado cuando el futuro Papa Benedicto XVI, Cardenal Joseph Ratzinger, hizo una visita. El Cardenal había estado con el Papa en Berlín, en donde multitudes no muy amistosas les habían recibido. Activistas hicieron grandes protestas y lanzaron huevos y jitomates cuando pasaba el "papamóvil".

Mientras el Cardenal Ratzinger esperaba que se le admitiese a los aposentos, empecé a conversar con el. El es un hombre gentil, tímido mas amistoso y sincero. Ese día en particular yo estaba curioso de la recepción que Berlín les había dado a ambos y pregunté que se sentía al ser atacado como lo fueron ellos.

Pregunté, "no le molestó que le aventasen huevos y jitomates? No hirieron sus sentimientos?"

El sonrió y contestó "No, porque lo que ellos avientan no lo avientan a Karol Wojtyla y a Joseph Ratzinger, si nosotros nunca hubiésemos estado involucrados en el mensaje de Cristo, no nos aventarían nada. Los jitomates e insultos son para lo que nosotros creemos y lo que proclamamos. Es la fe Cristiana la cual nos fue legada desde hace siglos. Nosotros no podemos cambiarlo sólo porque es difícil seguirlo o porque no va de acuerdo con las ideas culturales actuales. Debemos proclamarlo en amor mas nosotros no podemos cambiarlo."

El Cardenal había visto la situación al igual que como Juan Pablo II la había visto. Cristo les había dado un mensaje – La Buena Nueva. La razón les había dado un sistema ético para encarnar ese mensaje en sus decisiones día a día – esa ética centrada en la persona. Ellos tendrían verdadero éxito siendo fieles a este sistema, si ellos ejecutaban lo que se les había confiado y mantenían la dignidad máxima del ser humano sin importar el precio. Ellos encontraron fuerza en su fidelidad a lo que es verdadero.

Ejecutando los objetivos verdaderos

Se pregunta usted si su empresa esta ejecutando sus verdaderos objetivos para todos los participantes? Conteste a las siguientes preguntas y averiguará.

Objetivos

1. Creatividad

¿En que forma es vivificante y creativo el trabajo de mi empresa? Cómo esta ayudando a todos los participantes no solamente en sus finanzas sino también en ayudarles a crecer como personas?

2. Satisfacción

¿En que forma satisface nuestro trabajo las necesidades de todos los participantes?

¿Qué es lo que debemos mejorar?

3. Beneficios

¿En que forma es nuestro trabajo física y/o psicológicamente beneficioso para todos los que participan? Es financieramente estable para todos?

¿Hay algo que debemos mejorar?

Preguntas para reflexionar

1. Ha notado utilitarismo en acción en su empresa o profesión? ¿Cómo han sido impactados los individuos que participan, tanto clientes como empleados?

2. Anote o escriba su sistema ético. ¿Cómo diferencía lo bueno de lo malo? ¿A que o a quien acude cuando se encuentra usted en "áreas grises"? ¿Cómo fue que escogió este sistema?

3. Piense en una situación en la empresa en donde usted, un ejecutivo o un empleado permitieron que utilitarismo sea el factor que sirve de guía? ¿en que forma hubiese sido diferente la situación si se hubiese usado la ética centrada en la persona?

4. ¿Cuales son cinco principios de ética centrada en la persona que puede usted aplicar a su trabajo diario?

Capítulo Cuatro

Aprenda a escoger lo justo:
Ejercitando su libre albedrío

"A algunos su camino les parece recto, pero al final del camino esta la muerte."

Proverbios 14:12

En [el acto de entregarse uno a Dios], el entendimiento y la voluntad muestran su naturaleza espiritual, permitiendo al sujeto actuar en cierta forma la cual demuestra libertad personal por entero. No es solamente que la libertad forma parte del acto de fe: es absolutamente necesaria. Sin duda, es la fe que permite al individuo dar una expresión final a su propia libertad. En otras palabras, la libertad no se obtiene en decisiones hechas contra Dios. Pues ¿como podría ser una ejecución de libertad el negarse a estar abierto a la única realidad que nos permite nuestra auto-realización?.

—San Juan Pablo II

En su regreso a Roma en abril de 1987 los Guardias Suizos esperaban a Juan Pablo II ansiosamente en el Vaticano. El había pasado varias semanas visitando Latinoamérica en donde había sido recibido con animosidad. La gente estaba feliz de verlo, la dificultad era con los gobernantes. Su firme oposición a la constante violación de derechos humanos le hicieron menos que popular.

En Chile la situación fue problemática con una demostración que el gobierno organizo durante una de las misas a la intemperie del Papa. Algunos Guardias y yo habíamos visto esto en las noticias, mas deseábamos escucharlo de nuestros compañeros quienes habían presenciado este altercado.

Cuando escuchamos el desarrollo de estos eventos habían sido peores y mucho mas llenos de inspiración que lo que las noticias nos habían informado. Aparentemente, las demostraciones en Chile fueron organizadas por oficiales del gobierno quienes

Epígrafe. Carta Encíclica de la relación entre Fe y Razón Fides et Ratio (Noviembre 2000). 13.

estaban presentes en la misa. Cuando el Papa empezó a rezar la Sagrada Liturgia, ellos iniciaron un himno nacionalista. Cantaban a todo pulmón, tratando de ahogar su voz. Cuando los asistentes Católicos trataban de silenciarlos, los militares respondieron con bombas de gases lacrimógenos a la multitud.

Entre ese pandemonio, el altar permaneció apacible. Cualquier persona en la posición de Juan Pablo hubiese parecido perturbado o se hubiera retirado a un lugar seguro, mas el decidió tomar un curso diferente. Cuando los oficiales gritaban sus canciones, el oró mas fuerte. El continuó orando cuando la demostración empezó. Con gases lacrimógenos en el aire, el continuó orando aún mas firme. El no gritó y el no corrió. El tomo la decisión de celebrar esa misa, a pesar de todas las fuerzas preparadas en contra de el, era lo mas importante que el podía hacer por Dios y por la gente Chilena. El sabía que necesitaba demostrarles que el gobierno no podría silenciar a Dios.

Juan Pablo se enfocó en la labor presente y escogió responder en la forma en que el sabía Dios quería que respondiese. El pudo hacer eso no simplemente porque sabía que
era lo que debía hacer, mas también porque durante el curso de los años el se había formado el hábito de escoger el curso de acción mas acertado. El había aprendido a disciplinar su voluntad a escoger el bien aún cuando fuese difícil. En efecto, el había aprendido, a usar su libertad de voluntad correctamente.

El reto del libre albedrío

En la vida, la ética puede ayudarnos hasta cierto punto. Existe una diferencia entre el diferenciar lo que es bueno de lo que es malo. Un sistema de ética sólido nos puede ayudar con lo anterior, mas con lo último, se necesita algo mas. Ese algo es la habilidad de ejercitar su voluntad propia al servicio del bien, el concienzudamente escoger el curso de acción correcto a pesar de los obstáculos y tentaciones que se atraviesen en el camino.

La habilidad es algo que todos podemos cultivar. Simplemente por la virtud de ser humanos, todos poseemos el poder de hacer buenas decisiones. Es lo que la libertad de voluntad nos da – la habilidad de ejercitar control sobre como debemos conducirnos en público y en privado, así como lo que escogemos creer. Ya sea que maneje su empresa honesta o deshonestamente, si permanecerá fiel a su cónyuge o cometerá adulterio, si va a dedicar su vida a Dios o rechazar su amante misericordia – todo eso son decisiones que dependen del uso correcto de su libre voluntad.

En varias formas, libertad de voluntad es lo que da significado a la vida. Sin ella, sus acciones buenas o malas no tendrían valor porque en realidad no serían sus acciones escogidas libremente. No podría haber pecado sin libre voluntad porque el pecado es ambos, el reconocimiento de que alguna acción es errónea y sin embargo, escoger el participar en esa acción. De igual forma, no podría haber virtud porque ésta requiere el deseo de actuar correctamente. Libre voluntad es lo que nos hace posible el ser pecador o santo.

Sin embargo es importante notar que el poder de escoger por sí mismo lo que es bueno no significa que todas las opciones son en efecto buenas. Hay buenas y malas opciones. Lo bueno esta hecho en conformidad con la voluntad de Dios. Lo malo viola la voluntad de Dios. Libre voluntad solamente es ejercitada correctamente cuando sus acciones y su voluntad están de acuerdo con la voluntad perfecta de Dios. Esa es la meta. Ese es el fin el cual usted debe de perseguir al hacer uso de su libre voluntad.

Libre albedrío como clave a un liderazgo exitoso

Juan Pablo II podía escoger la acción correcta en medio del tumulto Chileno porque el ya había pasado una vida entrenando su voluntad, ejercitándola en pequeños y grandes problemas al servicio del bien. Sus respuestas acertadas fueron, a este punto, su segunda naturaleza, un habito virtuoso que el había formado durante el curso de décadas.

Ese habito fue una razón por la cual el servía a Dios y Encabezó a la Iglesia Católica tan acertadamente. El supo escoger el curso de acción correcto y seguirlo hasta el final. No se dejó distraer con asuntos de segunda importancia y se enfocó en lo que realmente era importante en todas las circunstancias. Aún mas, por su ejemplo correcto, el entrenó a los que estaban bajo su autoridad a responder también correctamente.

Ese mismo hábito es tan crucial para un Administrador. El no puede tener éxito sin tener una voluntad disciplinada lo suficiente para ayudarle a realizar sus metas. No puede dirigir su empresa hacia el éxito sin tener la habilidad de encarrilarse por el curso de acción mas acertado. Usted no podrá crear una cultura administrativa y novedosa responsable a menos que usted haya modelado esas características para sus empleados.

Como la persona responsable por el futuro de su empresa, usted no puede permitirse el distraerse, el no enfocarse, o el procrastinar. Tiene que estar dispuesto a trabajar duro y hacer las decisiones difíciles necesarias. Si usted no lo hace, nadie mas lo hará.

A través de los años, yo he trabajado con suficientes ejecutivos y administradores quienes piensan que esas responsabilidades no les pertenecen. Ellos piensan que han llegado a cierta etapa en su carrera en donde el trabajo arduo ha terminado y ellos pueden flotar en la fama de sus éxitos pasados. Estos son los Administradores quienes han dejado de asistir a sus asambleas y contestar a las preguntas de sus empleados quienes aseguran bonos para sí mismos que nadie mas tiene. Quienes cambian salarios dramáticamente fuera de proporción comparada a sus contribuciones actuales a la empresa. Estos son los administradores quienes asignan a sus amigos a la mesa directiva con el motivo de que ellos no tengan que enfrentarse a las preguntas sobre sus decisiones y números en las utilidades de la compañía. Ellos se estancan y fingen con las decisiones actuando falsamente al pasar los años.

Posiblemente no sea de la noche a la mañana, mas a lo largo del tiempo la compañía siempre sufre con esta clase de comportamiento. Cuando la persona en mando no tiene suficiente fuerza de voluntad de trabajar arduamente y honestamente, todos los que dependen de el se salen de la tangente. No completan lo que deseaban realizar. La meta deseada, muere.

Por esta razón la voluntad libre es importante, en negocio y en la vida. Es la razón por la que aquel que desea dirigir correctamente no puede esperar hasta mañana la labor de entrenar su voluntad, pues mañana puede ser demasiado tarde.

La autoridad y voluntad de Dios

Durante los años antes y después de que llego a ser papa, Juan Pablo II era buscado por innumerables amigos y estudiantes para consejo y dirección espiritual. Ellos llegaban a el con un problema, esperando que el les aconsejase que hacer. Mas escasamente trabajó así. Algunas veces el les hacía preguntas. Otras veces el les pedía que tomasen algún tiempo para pensar las cosas otra vez. Por medio de toda esa conversación y pensamientos, el deseaba que ellos viesen por si mismos los varios lados de una pregunta o de lo que se trataba. Una vez que ellos hacían eso, el no les decía que debían hacer. "Tu debes hacer la decisión," era lo que el les decía.

Lo que Juan Pablo deseaba de esas personas que deseaban consejo era que ellos ejercitaran so voluntad propia. De esa forma, el a propósito imitaba a Dios, aunque mucha gente en la actualidad no lo reconoce.

Juan Pablo a menudo lamentaba que la gente no entendía el regalo de la libre voluntad o la naturaleza de la autoridad de Dios. El hecho de que el ejercicio correcto de libre voluntad significa escoger el camino de dios, no el nuestro, ambos confunden y frustran a muchos. Ellos ven eso como una negación a su libertad, una restricción de su libertad. También ven a Dios no como a un Padre amante, mas como un represivo y dictador autoritario, pidiéndoles que hagan lo que ellos no desean hacer.

En eso, muchos tienden a confundir a su Padre celestial con sus padres terrenales u otras figuras de autoridad que han tenido. Es fácil de comprender. Todos nosotros, de una forma u otra, hemos sufrido bajo los reglamentos arbitrarios de alguien haciendo mal uso de su autoridad – un padre, maestro, un jefe o ejecutivo. Hemos sido reprimidos, juzgados, limitados, avergonzados y abandonados bajo la autoridad de ellos. Entre mas esto suceda, menos voluntad tenemos de confiar en alguien con autoridad. Vemos un sistema adversario en el mundo – opresor y oprimido – y asumimos que el mismo sistema funciona en la Iglesia, con dios siendo el opresor y nosotros los oprimidos.

Un verdadero padre

Si así fuese como Dios operase, estaríamos justificados en no confiar en El. Mas no es así como las cosas trabajan. Dios no ejerce Su autoridad como un dictador hambriento por poder. El no desea oprimirnos o forzarnos a hacer Su voluntad. El no desea forzarnos a hacer nada. Ahí es a donde entra la libre voluntad. Dios quiere que escojamos lo que deseamos creer o no creer, lo que deseamos hacer o no hacer. El desea que nosotros decidamos si aceptamos o no voluntaria y tranquilamente lo El pide de nosotros.

Lo que El pide de nosotros nunca es arbitrario o erróneo. Podría ser difícil. Posiblemente vaya en contra de lo que nosotros instintivamente deseamos para nosotros o lo que la cultura nos dice que deberíamos desear. Mas aún así es lo mejor para nosotros. Es lo que nos lleva a nuestra verdadera felicidad y vida eterna

Así es como la ley de Dios trabaja siempre. Es un mapa que nos va dirigiendo hacia la felicidad basándose en como nos ha hecho Dios. Nosotros fuimos hechos para querer y hacer ciertas cosas y solamente cuando perseguimos ese fin nosotros podremos encontrar felicidad. Solamente cuando se vive de acuerdo a la voluntad de Dios descubrimos en esa forma quienes somos verdaderamente y encontramos la gracia para ser totalmente libres. En Dios no nos perdemos sino nos encontramos a nosotros mismos.

Es por eso que aun cuando Dios desea que escojamos por nosotros mismos lo que deseamos creer y hacer, aún así existen decisiones correctas y decisiones incorrectas, buenas y malas. Es la razón por la cual existen consecuencias cuando escogemos incorrectamente.

Cuando se escoge el no vivir de acuerdo a la verdad y el cómo fuimos hechos, habrá problemas. Es casi como el usar la herramienta errónea para un trabajo de construcción. No se conseguirá el resultado que se desea y habrá problemas. Esos problemas sin embargo los causamos nosotros, no Dios. Estamos sufriendo por nuestra propia mano, no la de El. El pecado trae su propio castigo, y eventualmente, aún después de un día, un mes o una vida entera, todos nosotros llegamos a ver la verdad.

Si se quiere ser feliz y exitoso, si se desea vivir y actuar como se debe, haciendo las decisiones correctas y tomando las acciones acertadas, debemos librarnos de toda ansiedad y preocupación acerca de la autoridad de Dios y voluntad, y hacer todo lo posible para hacer que nuestra voluntad este en conformidad con El. Tenemos que practicar como un gran atleta lo haría, haciendo uso de toda ocasión para reforzar nuestra voluntad. Yo aprendí como guardia Suizo que tal práctica debe suceder en ambos, pensamiento y en obra.

Entrenando la voluntad: Aprendiendo a tener paciencia

Los Guardias Suizos son famosos probablemente por su postura seria, como estatuas con que se portan afuera del palacio del Papa. Los turistas casi lo toman como broma el tratar de hacer que el centinela en guardia les vea o sonría. Las mujeres guiñen, avientan besos, y hacen toda clase de propuestas. Los hombres hacen gimnasia, bromean y también gritan uno o dos insultos al guardia esperando obtener una respuesta de el.

Nunca sucede. El centinela no nota sus atentados. No es su trabajo el notarles a ellos o a nada de lo que sucede a su alrededor. El trabajo del centinela es solamente un deber honorable de hacer guardia. Es una señal de respeto que el Vaticano hace para sus visitantes. El verdadero trabajo es realizado por un guardia con mas señoría que esta parado cerca. Mientras que el controla a las multitudes y asiste a los turistas, el centinela solamente tiene que pararse muy quieto. El tiene que hacer esto por un tiempo muy largo. Créanme, eso es muy trabajoso. Hay dos trucos que ayudan.

El habito de pensar correctamente

El primer truco tiene que ver con la actitud y pensamientos que permite usted que vengan a su mente.

Los guardias mas veteranos siempre nos dijeron que hacer el trabajo de centinela en contra de la voluntad o de malas hace el trabajo lo doble de difícil. Ellos tenían la razón. Cuando se resiente algo, su resentimiento llega a ser el enfoque de sus pensamientos. Usted le da vuelta a ese pensamiento una y otra vez y cada pequeñez que dificulta el trabajo se magnifica. Si, de otra forma, su actitud es positiva, si usted hace con gusto lo que necesita hacer o en el caso de los guardias Suizos, que se la ordenado hacer, su mente no se conduele de la asignatura. Se va por un rumbo diferente a contemplar pensamientos mas agradables.

Lo que es verdad para los Guardias Suizos con obligación de ser centinelas, es verdad para cualquier otro. Los pensamientos son importantes. El tema en que pensamos, los pensamientos que permitimos que vaguen en nuestro pensamiento contribuyen a ambos, el ejercicio acertado y el erróneo de nuestra voluntad libre. Son el primer paso en lo que escogemos hacer y nos pueden dirigir en la direcciones buenas o malas

Tiempo atrás, los primeros padres y madres del desierto – los antepasados de monjes del Oeste y religiosos enclaustrados— trabajaron en un sistema para clasificar los pensamientos humanos. Ellos decidieron que todos los pensamientos y "demonios" con los que un ermitaño del desierto se encontraría podrían dividirse en ocho categorías generales: gula, codicia, avaricia, enojo, tristeza, pereza, vanagloria y orgullo. En palabras comunes son comida, sexo, posesiones, enojo, depresión, indiferencia, su reputación y su egoísmo.

Esa lista suena negativa, mas no es necesariamente así. Dependiendo de su respuesta, los padres del desierto creían que esos pensamientos podrían en realidad llevarlo hacia el bien. Todas esas horas solitarias en el desierto les enseñó que mientras que ellos no necesariamente podían controlar los pensamientos que les abrumaban, no podían controlar su reacción a estos. Podían escoger en el repasarlos una y otra vez, en esta forma estando cada vez mas cerca de actuar en ellos. O podrían rechazarles y enfocarse en algo diferente, algo mejor, algo que podría convertirse en un primer paso hacia virtud o acción acertada.

Para hacer el trabajo de centinela, ese fue un hábito que yo tuve que dominar. Tuve que aprender en el no enfocarme en pensamientos de resentimiento o molestia, al contrario pensar en cosas agradables, la tradición de la cual yo era parte, mi vida y las decisiones que había hecho hasta ese punto, y en lo que deseaba yo hacer en los años venideros. Al usar el trabajo de centinela para pensar en todas esas cosas llegó a ser no solamente aguantable, mas una parte esencial de mi conversión una fe mas profunda en Cristo y en Su Iglesia.

El habito de controlar mis pensamientos es uno que todavía necesito cultivar. No puedo permitir que mis pensamientos me dirijan (y subsecuentemente mi empresa) en la dirección errónea.

Es lo que sucede cuando los ejecutivos empiezan a entretener las tentaciones del poder, codicia, deshonestidad, inmoralidad sexual, insensibilidad y otros comportamientos destructibles que inevitablemente vienen acompañándoles. Esos pensamientos llegan a ser la semilla de las malas acciones.

Todas las malas decisiones empiezan en pensamientos: "Los reglamentos no son para mí." "Yo soy mejor que otros." "Nadie se dará cuenta si yo encubro este error." "Esa persona se puede reemplazar." Los pensamientos son casi inevitables. Lo que no es inevitable es entretener esos pensamientos. Uno puede escoger es no entretenerlos. Podemos escoger en el pensar en otra cosa: nuestro compromiso con Dios, nuestra familia, nuestros empleados, nuestro deseo de ser creativos y novedoso, las necesidades que podemos encontrar y la gente a quien podemos servir; nuestra propia dependencia en la gracia de Dios y la misericordia y el amor de Dios.

Por cada pensamiento negativo que entre en la mente, existe un pensamiento contrario, positivo. Cuando se enfoca uno en este ultimo se esta formando la base para la acción correcta. En efecto, nutrimos nuestra voluntad con lo que esta necesita para escoger el camino recto.

No necesariamente se tiene uno que esperar hasta que un mal pensamiento llegue para tratar de enfocarse en un buen pensamiento. Se puede, en efecto, crear buenos pensamientos buscando algo bueno o importante sobre lo cual lo repasamos una y otra vez empezando algo así que puede dirigirnos a una buena acción.

Una de las formas en que Juan Pablo II hizo esto era trabajar en su voluntad cada año en su cumpleaños, [16] el revisaba los eventos de su vida y del año anterior contemplaba lo que le gustaría ver en el año venidero, y oraba acerca de lo que deseaba que fuese su legacía. Cada año en una forma disciplinada y enfocada, el examinaba su vida, pasada, presente y futura. Ese proceso y los pensamientos que esto producía, le ayudaban a dirigirse hacia sus metas con un vigor y pasión mas vigorosos.

Esto es algo que todos, a un nivel personal podemos hacer. También podemos hacerlo a un nivel profesional. Es esencial el tener un plan de mas de uno o dos años. Pensar en lo que uno desea, cinco, diez y aún veinte años en el futuro, es el primer paso en actualmente alcanzar esas metas. Estos son pensamientos que alimentan la voluntad y le ayudan a hacer decisiones que le dirigirán a donde usted desea ir.

La practica perfecciona

Anteriormente yo mencioné que dos cosas me ayudaron a desarrollar la disciplina y paz de mente para aguantar las horas aparentemente interminables de pararme muy firme afuera del palacio Papal. La primera era el aprender a controlar mis pensamientos. Cual era la segunda?

La segunda era la postura exacta que adopte al inicio de cada turno de obligación como centinela. La posición que uno adoptaba al iniciar tenia todo que ver con cuanto tiempo uno podría aguantar el permanecer inmóvil. Si uno adoptaba la posición correcta, las coyunturas y huesos caían en un estado de balance esquelético, en donde el cuerpo descansaba exactamente como debía y el cuerpo permanecía erguido casi por si mismo. Ese nivel de comodidad física hizo la labor mas fácil mentalmente. Uno no estaba adolorido, rígido, o incómodo así que los pensamientos tendían a moverse a un nivel diferente. Sin embargo, si uno adoptaba la posición incorrecta el cuerpo nunca podía descansar de ahí que la labor se hacía casi imposible. Los pensamientos nunca podían ir mas allá de la incomodidad y era un reto serio el tratar de reenfocarles.

El ejercicio virtuoso de la voluntad libre es muy similar como la labor de centinela en ese aspecto. El cuerpo influencia la mente. Los pensamientos pueden preceder acciones, pero acciones también pueden preceder pensamiento. El arrodillarse a rezar puede hacernos sentir mas piadosos. El trabajar en un cuarto silencioso, lejos de la televisión le puede hacerle sentir mas interesado en la labor presente. El escribir un cheque considerable para caridad puede hacerlo disfrutar mas el dar. Al principio de realizar cualesquiera de estas acciones, arrodillarse, trabajar, o practicar generosidad – usted no puede estarse sintiendo devoto, diligente o generoso particularmente. Los sentimientos son secundarios. Lo que importa es la acción. A menudo los sentimientos siguen a la acción. Meramente el iniciar una actividad le pondrá en el estado mental necesario.

Similarmente, como con la labor de centinela, pequeñas decisiones al principio (tales como la postura que se adopta) moldean su habilidad de escoger lo que es correcto mas tarde a lo largo del camino. En cierta forma, su voluntad entra en una cierta disposición.

En otras palabras, la moralidad o inmoralidad de sus acciones en el presente tienen mucho que ver con como usted ha usado su voluntad libre en el pasado. Entre mas la use para escoger acciones morales, crece mas fuerte y se va haciendo mas fácil el escoger acciones morales. Entre mas la use para escoger acciones inmorales, se va debilitando y se va haciendo mas difícil escoger acciones morales.

En muchas maneras, la voluntad libre es como un músculo. Necesita ser entrenada y reesforzada para que pueda trabajar correctamente. Necesita ser disciplinada. Si no se le usa correctamente se atrofia. Por medio del constante ejercicio correcto en pequeñas cosas—honrando un compromiso diario a la oración, guardando promesas a su cónyuge e hijos, cumpliendo promesas en la oficina—crece mas fuerte.

Se reesfuerza aun cuando olvidamos pequeñas comodidades y placeres para cultivar el habito de auto negación. No comiendo postre, parándonos tan pronto la alarma suena. No viendo televisión en la noche. Todos son pequeños actos de sacrificio que entrenan la voluntad bajo el control de lo intelectual. Entre mas practica escogiendo concienzudamente lo que es bueno pero difícil en pequeñas situaciones, llega a ser mas fácil el escoger lo bueno aun cuando es difícil en situaciones mas serias.

***

Cuando llegué al Vaticano por primera vez y observe a los guardias con mas señoría marchando en filas cerradas o lanzando la alabarda – un palo largo encabezado por una hacha – Yo estaba muy sorprendido. Ellos ejecutaban cada movimiento con una precisión mas que sorprendente.

Nunca olvidare la primera vez que ví a Martino, mi instructor, aventar la alabarda. Estando parado en atención la aventó hacia lo alto en el aire, y entonces la cacho a un punto exacto marcado por un clavo. Enseguida la jaló cerca de su cuerpo con un brazo guiándola hacia su hombro con la otra mano. Entonces la plantó hacia el suelo, exactamente al margen de sus zapatos, sin tocarlos. Lo hizo con tal facilidad y gracia, casi sin esfuerzo. O al menos así pareció.

"Imposible que aprenda yo a hacer eso" Recuerdo haber pensado. "Es imposible."

Mas no fue imposible. Al final de horas y horas de aventar y cachar (y de machacarme los dedos de los pies con la base de la alabarda), pude hacerlo con la facilidad y precisión que Martino. También pude marchar en fila cerrada, ponerme en atención y realizar todas las obligaciones de un guardia que al principio parecieron tan, tan imposibles. Con suficiente trabajo y a dura práctica, llego a ser muy natural para mi el hacerlo.

Así es también como trabaja la libre voluntad. Escogiendo lo bueno tan fácil, segura y consistentemente como Juan Pablo II. Puede parecer casi imposible algunas veces. Entre mas practique y entre mas duro trabaje se hace mas fácil. Con esa facilidad viene la paz, la felicidad y la habilidad de hacer todo lo que Dios ha planeado que hagamos. También llega la posibilidad de convertirnos en el hombre o la mujer que El intentó que fuésemos.

Palabras sabias sobre la voluntad

Así como Cristo vino alguna vez en cuerpo y alma a obtener nuestra salvación, El viene en espíritu a salvar cada alma individual; la diferencia es que Su primera visita se podía ver a primera vista, a lo contrario de la segunda no se puede ver. Como nos dice la escritura: Cristo el Señor es el aire que nos da vida, la naturaleza escondida de esta venida espiritual se muestra a continuación del mismo texto: Bajo Su sombra viviremos entre las naciones.

Por esta razón, aún cuando estemos demasiado enfermos para ir muy lejos a encontrar al Señor, es apropiado para todos el responder a la visita del gran doctor haciendo un esfuerzo cuando menos de levantar la cabeza y enderezarse un poco para saludarle a su llegada.

—San Bernardo de Clairvaux

Preguntas para reflexionar

1. Describa su propia experiencia con figuras de autoridad – sus padres, maestros, empleados, etc. ¿Han sido positivas y negativas? ¿Que ha resultado de el obedecer a ellos con autoridad? Ha tenido eso impacto en la forma en que usted entiende la autoridad de Dios? Cuales son tres ideas de su pasada experiencia con sus propias figuras humanas de autoridad que usted escoge como atributos a Dios?

2. Virtudes son realmente nada mas que buenos hábitos, o, dicho en una forma diferente: el hábito de buen juicio. Los adquirimos a través de continuas acciones correctas. Vicios son virtudes opuestas, malos hábitos adquiridos a través de repetidas acciones erróneas. Enliste tres virtudes (o buenos hábitos) y tres vicios (malos hábitos) que ha desarrollado a través de los años. ¿Cómo afectan su vida de trabajo esas virtudes y vicios? ¿Su vida en el hogar?

3. Mencione tres pequeños sacrificios que usted puede incorporar dentro de su vida diaria para re-entrenar su voluntad y sobrevivir esos vicios enlistados antes. ¿Cuales son cinco pequeñas acciones que puede tomar para magnificar sus virtudes? ¿Qué diferencia harán estas en su trabajo? ¿En su hogar?

Capítulo Cinco

Sepa en dónde esta y hacia dónde va:
Conectando la paradoja de planear para el futuro viviendo aún en el presente

Porque yo sé muy bien lo que haré por ustedes; les quiero dar paz y no desgracia, y un porvenir lleno de esperanza, palabra de Yahvé.

Jeremías 29:11

No se preocupen por el día de mañana, pues el mañana se preocupara por si mismo. A cada día le bastan sus problemas.

Mateo 6:34

"A todo hombre y mujer sin excepción Deseo pedirles estén convencidos de la seriedad del momento presente y de la responsabilidad de cada uno, de implementar – por la forma en que viven como individuos y como familias , por medio del uso de sus recursos , por su actividad cívica al contribuir en decisiones económicas y políticas y por su compromiso personal en asuntos nacionales e internacionales – las medidas inspiradas por medio de solidaridad, amor y preferencia por los pobres."

—San Juan Pablo II

En la vigilia de Navidad de 1986, Yo era uno de los guardias Suizos mas triste en el palacio papal. Peor aún era mi primera Navidad fuera de mi hogar, mas debido a la obligación que me había tocado – el vigilar la antesala del departamento privado papal durante las horas antes de la Misa de Media Noche – Ni siquiera sería posible celebrar Navidad con el resto de los guardias.

Toda la tarde, mis pensamientos estuvieron con mi familia en Suiza. La vigilia de Navidad siempre era nuestra celebración favorita, y en mi cabeza yo casi podía oler el guisado de mi madre cocinándose y podía ver a mi papá decorando nuestro árbol. Podía yo escuchar los villancicos al fondo e imaginar las conversaciones entre la familia. Yo era el menor de seis hijos(as). Era la primera

Epígrafe. Carta Encíclica de la relación entre Fe y Razón Fides et Ratio (Noviembre 2000). 13.

vez que estaba yo fuera del hogar por un largo período de tiempo, no se diga Navidad, y con el anochecer mi depresión aumentaba mas y mas. Yo era el guardia mas nuevo en el grupo esa Navidad, habiendo llegado solamente semanas antes, y trataba yo de esconder mi problema de los demás. No estaba yo muy seguro de cuanto tiempo yo lograría esconder mis sentimientos.

Poco antes de iniciar mi deber me puse en fila con el resto de los guardias para hacer llamadas a nuestro hogar. Cuando era mi turno, hable con mi padre primero. Pude conversar muy naturalmente con el. Mi voz sonó segura y mi cara no tuvo ninguna expresión. Estaba yo consciente de que había una fila de hombres esperando a mis espaldas, observando y escuchando lo que yo decía.

Mi padre puso al teléfono a mi madre. No pude contenerme mas. Ella lloraba porque su hijo mas joven no estaba en casa en Navidad. No se como es para ustedes mas cuando mi madre llora, yo tengo que llorar con ella. Traté de hacerme fuerte y esconder mis lagrimas, mas estas eran abundantes. Colgué el teléfono y corrí hacia mi cuarto, me puse mi uniforme y salí hacia mi Navidad solitaria haciendo guardia en el departamento papal. Era un lugar obscuro y solitario en ese lugar y no había nada en que entretenerse. Eso quería decir que tenía yo suficiente tiempo para revolcarme en mi tristeza y pensar en mi familia celebrando en grande sin mí. Los estaba extrañando muchísimo y conforme las horas pasaban mi estado de animo se había puesto deplorable.

Como a las diez de esa noche recibí una llamada en mi radio. Un oficial me estaba informando que Juan Pablo II estaba saliendo para celebrar la Misa de Media Noche y usaría la salida en donde yo estaba. Tenía yo escasamente suficiente tiempo para enderezar mi uniforme antes de que la puerta se abriese. Una luz tibia saliendo del departamento iluminó mi pasillo obscuro. El Papa salió. Con la luz brillante del fondo y su ropaje blancamente espléndido, el parecía una figura celestial.

Conforme iba saliendo él hizo una pausa como a unos veinte pies de mí. Me miró por unos minutos sin decir palabra. Entonces el dijo: "¡Tu eres nuevo! ¿Cómo te llamas! El preguntó.

Yo conteste y el se acercó, mirando mis ojos enrojecidos. Creo que él inmediatamente comprendió lo que pasaba porque dijo, "¿Esta es tu primera Navidad fuera de casa, o no?"

Yo contesté afirmativamente, teniendo dificultad de contener las lágrimas mientras contestaba.

Se acercó mas, esta vez deteniéndose a solamente unas pulgadas de mí. Tomando mi mano en su mano y mi codo con su otra mano, el me acercó un poco hacia él. Me miró con sus ojos hondos y grises y dijo, "Andreas, deseo agradecer el sacrificio que estas haciendo por la Iglesia. Yo pediré por ti durante la Misa de esta noche."

Eso, era todo o que yo necesitaba. Alguien había notado mi dolor, alguien se había preocupado y ese alguien era el Papa mismo. En ese mismo momento me sentí confortado. Ahora, viendo hacia el pasado, me siento muy admirado. He ahí, el líder de un billón de Católicos, en la cúspide de una de sus mas feroces batallas, ocupado con los mas imposibles y difíciles problemas del siglo, y aún así tuvo el tiempo y la sensibilidad de percibir los sentimientos de un guardia de veinte años cuya sola obligación era únicamente pararse al fondo del camino por donde él pasaría. Nuestro papel debería haber sido lo contrario el que debía haber observado era yo – mas no fue así.

Continuamente, Juan Pablo II de alguna manera encontraba el balance entre perseguir una visión que impactaba a billones y estando completamente en el momento cada día y en cada lugar. El vio ambos, el horizonte a la distancia y la situación habitual pequeña, nunca perdiendo la sensibilidad y la importancia de las dos.

Como sucedería con cualquier líder, esto significó una gran diferencia.

Sepa en dónde esta

Un líder fuerte siempre sabe a dónde esta yendo. El siempre ve mas allá. Como Juan Pablo II, el también necesitaba saber en dónde estaba. Necesitaba ver lo que estaba exactamente enfrente de el.

No deja de admirarme que en mi encuentro con el esa Navidad de 1986 – estando al pico de la Guerra Fría, tiempo en que tenía millones de razones para estar preocupado y absorto en asuntos mucho mas importantes – el Papa me notó, era casi como una persona notando a un grillo cantando a la mitad de una ciudad ruidosa.

Era siempre así con Juan Pablo II. En cualquier lugar en donde encontrase yo al Papa, era como si ese día se hubiese levantado únicamente con el propósito de encontrarme. Siempre estaba absolutamente presente. Consciente de lo que estaba pasando en el corazón y mente de la persona con la que estaba conversando y mucho mas interesado en lo que la persona le decía que en lo que el tenía que decirle a la persona, Sin importarle el resto de los problemas y situaciones difíciles que le esperaban al final de la conversación, esas preocupaciones estaban aparentemente ausentes de su mente mientras el estaba con uno.

A él le era posible hacer esto, en parte, porque tenía una meta. El hecho de que él había planeado muy bien su plan de acción, el cual ejecutaba en su mente y oraba a Dios incluyendo hasta los detalles mas mínimos le daban la libertad y la serenidad que necesitaba para vivir el momento plenamente.

Y viceversa, la única manera en la que él realizaba su visión era porque sabía como vivir el momento presente. El comprendía a la persona humana – con todas sus esperanzas, deseos y luchas – no porque él hubiese leído acerca de la persona humana en un libro, mas porque el conoció personas humanas específicas, profunda e íntimamente. El sabía como la cultura contemporánea estaba guiando a la gente a la perdición, no debido a las noticias en los periódicos, sino por los problemas individuales que se presentaban en su vida diaria.

De igual forma, su visión también nos inspiró a nosotros los que le asistíamos en realizarla, no solo porque era un buen hombre, un hombre quien sabíamos se preocupaba por nosotros y por el mundo. Era atento con nosotros en las circunstancias insignificantes, de ahí que con mas razón queríamos ayudarle en situaciones de mas magnitud.

Bernard, un compañero de la Guardia Suiza me contó una historia que ilustra lo anterior. Un sofocante día de Verano el tenía el deber de servir en la residencia de Verano, Castel Gandolfo, la cual esta solamente en las afueras de Roma. Bernard estaba en el centro del patio, mojado con gotas de sudor gracias a su uniforme tan pesado y al caliente sol Italiano, cuando el Papa y algunos colegas salieron por una puerta y caminaron directamente hacia otra. Ellos nunca salieron al patio, solamente pasaron por los litorales conforme pasaron de una puerta a la siguiente. Bernard les saludó, mas dudó que lo habían visto.

El sin embargo, estaba erróneo en cuanto a Juan Pablo II. Un momento después de haber desaparecido por la segunda puerta, una de las hermanas religiosas quien trabajaba con el vino al patio con una jarra de agua. Juan Pablo II pensó que Bernard pusiese estar sediento, parado en el sol caliente, y pidió que se le llevase agua.

Juan Pablo II nunca falló de notar a aquéllos en frente de él. La gente nunca fue menos importante para él que sus labores inmediatas o sus planes a largo plazo. Era la razón por la cual su presencia en el momento no era solamente una de atención, sino también de comprensión.

Juan Pablo II reconocía las luchas que le esperaban en la situación inmediata. Estaba muy consciente del resentimiento de la gente hacia la Iglesia, de las heridas que algunos de sus predecesores y otros hijos e hijas de la Iglesia habían causado en el pasado. El no huyó de esas heridas ni las ignoró. El las reconoció, tomo responsabilidad de ellas, y se disculpó por ellas.

Para marcar el Año 2,000 del Gran Jubileo y preparar el camino de la Iglesia hacia el Siglo Veintiuno, Juan Pablo II ofreció una disculpa formal al mundo por culpas cometidas por miembros de la Iglesia y por todos los Cristianos a través de los siglos. Era en ese espíritu que él viajó a Israel a pagar tributo a las víctimas del Holocausto. El fue el primer Papa que entró a una Mezquita, y el primero en visitar Grecia y al Patriarca Ortodoxo desde la separación de la Iglesia del Este de la del Oriente hacía mil doscientos años.

Algunos criticaron esos escuerzos. Pensaban que el Papa era demasiado consecuente, demasiado reconciliador, demasiado listo a aceptar culpa por las ofensas que no fueron únicamente la culpa de un grupo. Mas esos críticos fueron la minoría. La mayoría felicitaron las acciones del Papa y vinieron a respetarle como un gran líder global. Porque el vio la situación presente por lo que era y se apresuró a tomar acción para cambiar la situación, el pudo lograr acercarse hacia la realización de su meta al estar completamente consciente de lo que estaba sucediendo en ese momento, el pudo encabezar a la Iglesia con confianza en el futuro.

Viendo la verdad del momento

El estar presente en el momento es igualmente de imperativo para cualquier líder. Muy a menudo los Ejecutivos tienen el mismo nivel de conciencia como el emperador en la historieta clásica infantil, "El Traje Nuevo del Rey." Caminan inconscientes a la verdad de la situación, prefiriendo estar ciegos a lo que es tan obvio, mientras que los asistentes y asociados quienes se dan cuenta permanecen silenciosos. Estos Administradores no están enfocados en la gente quienes son parte de su meta y están inconscientes de los problemas existentes.

Los empleados, por supuesto, son parcialmente responsables – el Administrador Ejecutivo tiene las riendas del negocio y es difícil criticar a esa persona quien esta maniobrando las riendas – mas al final la responsabilidad es del Administrador Ejecutivo única y exclusivamente.

Si desea dirigir su empresa por el camino del éxito, tiene que hacer que la gente comprenda que usted desea la verdad, aún cuando ésta es dura. Usted tiene que cultivar una cultura administrativa en donde la honestidad es compensada. Usted tiene que entrenarse a percibir la distinción entre verdad y ficción. Debe aprender a cómo estar alerta a todo aspecto de los negocios de su empresa, desde las horas que trabajan sus empleados a la calidad del producto o servicio que usted ofrece. Esto es importante porque en cualquier negocio el realizar menos que esto es una receta para el desastre.

Al nivel mas básico, esto representa un problema porque se requiere una comprensión sólida de los puntos fuertes y los débiles de la empresa si se le va a poder guiar hacia el éxito. Si tiene usted una infección intestinal y le dice al médico que le duele la cabeza, el va a recetar la medicina errónea, una que no va a aliviar la verdadera enfermedad y que pudiese empeorar la situación. Lo mismo sucede con las finanzas de una empresa. Si usted como Administrador Ejecutivo no tiene un entendimiento preciso de lo que esta bien y lo que no esta funcionando, es posible que usted decida hacer decisiones basadas en apariencias que pueden, a la larga, causar daño mas serio a la empresa.

De igual forma, haciendo realidad su meta para su empresa significa que usted tiene que asegurarse en percibir si lo que esta sucediendo ahora, en este momento, le está acercando a la visión que desea realizar o alejándolo de ella. ¿Son justos sus reglamentos de relaciones humanas? ¿Están promoviendo lealtad a la compañía? ¿Se sienten los empleados recompensados y satisfechos? ¿Esta la cultura administrativa guiándoles a acercarse a Dios y a vivir vidas virtuosas? Qué del producto. ¿Es de calidad superior? ¿Es el precio competitivo? ¿Cómo lo percibe la gente en el mercado?

Las respuestas a estas preguntas solamente se pueden contestar únicamente poniendo atención al momento presente. Solamente cuando las respuestas son afirmativas puede usted llegar a la meta en su negocio exitosamente. Por eso usted tiene que observar, escuchar y moverse rápidamente a tomar responsabilidad de cualesquier problemas existentes en la empresa o en cómo el público lo percibe. No podemos hacer que otro pague el pato, ni podemos esconder la cabeza como avestruces y esperar que los problemas desaparezcan. Como Juan Pablo II, se tiene que escuchar a ese grillo cantar en medio de los ruidos de una ciudad. Después de todo ese grillo pudiese ser el factor de todo su éxito.

Sepa hacia dónde va

La meta es a dónde se empieza. No podemos darle vueltas. Ya sea usted un papa, un ejecutivo administrativo, o un empresario trabajando en su propia cochera, se tiene que tener una visión.

Se necesita saber a dónde estamos yendo y porqué. Se necesitan metas – de hacia dónde se desea llevar ese empresa o negocio que se está administrando en cinco, diez o veinte años. Se necesita un propósito – porqué se esta haciendo esto. La Meta es lo que les ayudará a usted y demás trabajadores a comprender la razón porqué el trabajo es importante y clarifica sus pensamientos y acciones. Esa visión es exactamente la que tenía Juan Pablo II.

Como Papa desde el principio el tenía una visión clara de su pontificado. En su primera encíclica Redemptor Hominis, él enumeró los temas que harían eco a través de sus veintisiete años de papado: (1) Continuar fiel y completamente implementando los ideales, metas, y reformas del Concilio Vaticano II; (2) Promover una cultura de vida; (3) Defender la libertad mientras en la lucha a la opresión y al materialismo.

La visión de Juan Pablo estaba enraizada en los problemas por todo su alrededor. El presenció en Polonia lo que la negación a la libertad humana podía hacer; cómo podía afectar a una cultura el descuido a la santidad de la vida humana durante el enfoque horripilante en Polonia bajo los Nazis. El sabía por medio de sus relaciones personales con parejas de casados cuanta ayuda necesitaban hombres y mujeres en comprender la vocación del matrimonio y el regalo de su sexualidad. El sabía por su interacción con Católicos laicos y religiosos alrededor del mundo, que las expectativas de Vaticano II no estaban realizadas, peor aún, el mensaje había sido pervertido en incontables diócesis.

Con una idea clara del que y el porque, Juan Pablo II se enfocó con precisión de rayo láser en trabajar en su visión. El nunca se fue con precaución. El llegó a los límites una y otra vez para poder hacer lo que era correcto. No fue fácil, mas su meta lo guió siempre. Le mantuvo fiel y motivado. El sabía lo que Cristo le estaba pidiendo. El sabía lo que la Iglesia necesitaba. El planeó sus días, semanas y meses con eso en mente.

Es por eso que el encabezó a la Iglesia con tanto éxito hacia el vigésimo primer siglo dándole una nueva forma de articular verdades antiguas de la Fe, la persona humana, dignidad, libertad, sexualidad, política y mas. El viajó por el mundo para enseñar

1. Despidiéndome de Juan Pablo II. Mi última audiencia (Cortesía de Arturo Mari).

2. El Juramento (6 de mayo de 1987)
*Juro que fiel, leal y honorablemente serviré
al Supremo Pontífice Juan Pablo II y a sus
sucesores legítimos, y también dedicarme a
ellos con toda mi fuerza, sacrificando mi
vida si fuese necesario defendiéndoles. Y
en su ausencia también al Colegio Sagrado
de Cardenales.*

*Asimismo prometo al Capitán en jefe
y otros superiores, respeto, fidelidad y
obediencia. ¡Todo esto lo juro!
¡Que Dios y todos los Santos me ayuden!*
(Cortesía de Arturo Mari)

2.

3. Clase para reclutas con nuestro Sargento
(primero, izq. fila trasera e instructor de
Combate mano a mano (centro fila trasera.)
(Cortesía de Stefan Meier)

4. En uniforme. (Cortesía de Stefan Meier.)

5. Con tres amigos Jardines del Vaticano
(desde la derecha) Roland Huwiler, Daniel
Wicki, Hermann Bacttig y yo.
(Cortesía de Stefan Meier.)

3.

4.

5.

6.

7.

8.

6. Enamorados en Roma Michelle y yo frente al Castillo San Ángel
(Courtesy of Andreas Widmer)

7. Con mi abuelo el día del Juramento
(Courtesy of Arturo Mari)

8. Juan Pablo II agradeciendo a mis padres por mi servicio el día de mi juramento.
(Courtesy of Arturo Mari)

9. Graduación en Merrimack College con mis amigos Padre Arthur Johnson, OSA y Padre Peter Gori, OSA
(Cortesía Michelle Widmer.)

9.

10.

10. Reagan llega al Vaticano para su visita oficial. Yo aparezco a la derecha, en guardia. (Cortesía de Arturo Mari)

11.

11. Visita de Harri Belafonte a Juan Pablo II. Le pedi que firmara mi guante para mi mamá. (Cortesía de Arturo Mari)

12. Misa de Jueves Santo en San Pedro. En donde fui uno de los guardias de honor cerca del Papa. Fue cuando tuve que estar inmóvil por el tiempo mas largo. (4 Hrs mas o menos). (Cortesía de Arturo Mari)

13. Guardias en la ultima audiencia con Juan Pablo II. (de la derecha) Patrick Gubler Daniel Wicki, Hubert Lingg. Thomas Broger y yo. (Cortesía de Arturo Mari)

12.

13.

14.

15.

16.

17.

14. Haciendo Guardia. Obligación de centinela a la entrada de la residencia Papal veraniega en Castel Gandolfo. (Cortesía de Stefan Mari)

15. Gratitud. El Papa siempre invitaba al grupo que le protegía a su residencia de verano, a su oficina, para agradecerles por sus servicios. Trajimos a las dos hermanas quienes cocinaban para nosotros durante nuestra estancia ahí. (Cortesía de Arturo Mari)

16. Servicio vestidos de civil. (Cortesía de Arturo Mari)

17. Juan Pablo saluda al dictador comunista de Polonia General Wojciech Jaruzelski, con la misma amabilidad con que saludaba a su primer presidente electo democráticamente, Lech Walesa. (Cortesía de Arturo Mari)

18. Regresando en formación de la ceremonia de juramento. (Cortesía de Arturo Mari)

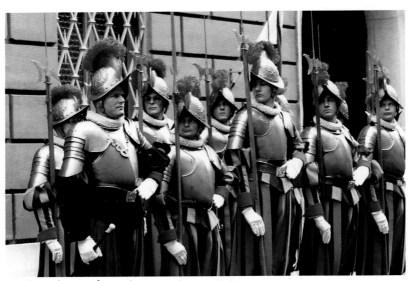

19. Alineándonos en formación (Cortesía de Arturo Mari)

20.

21.

20. Con mi sobrino Michael de 4 años cuando me visitó en la Guardia Suiza. (Cortesía de Stefan Meier)

21. Con el mismo sobrino 18 años después. (Cortesía de Michelle Widmer)

22. Mi sobrino Matthias en su juramento 24 años después del mío. (Cortesía de Arturo Mari)

22.

23. Visitando a Juan Pablo II con Michelle y sus padres (Cortesía de Arturo Mari)

24. De regreso en servicio temporal después de 20 años. (Cortesía de Andreas Widmer)

a la gente ese vocabulario haciendo mas viajes que todos sus predecesores combinados. El defendió las enseñanzas de la Iglesia a pesar de un gran riesgo personal. Y con todo esto cambió las vidas de millones.

La base de una visión exitosa para su empresa
Ese mismo sistema de planeación aplica en cada empresa exitosa. Si el deseo es conducir a la empresa por el camino del éxito, se tiene que tener una visión efectiva. Y ¿qué comprende esto? Veamos primero lo que no es recomendable.

Una buena visión no es simplemente el esperar ganancias a corto plazo. La cúspide de la meta de cualquier negocio no pueden ser las ganancias. La relación entre las ganancias y el negocio es como el oxígeno con la vida. Se necesita oxígeno para vivir, mas la meta de la vida no es la absorción de oxígeno. Así también con la empresa. Necesita tener ganancias para sobrevivir, mas la ganancia no es la última meta. Es una vereda hacia el final. Ese final, ese propósito, es determinado por su visión.

Lo mismo para metas tales como "el ser rico" o "el ser poderoso." Esos no son visionarios. Son deseos egoístas basados en deseos vanos. Estos no llevan a ningún lugar. Que si lo se yo.

Por años anduve persiguiendo la riqueza. No importaba cuanto dinero ganaba, nunca era suficiente. Siempre necesitaba yo mas. Mi sed nunca se apagaba. Esto es lo que sucede a todo el que pone al dinero como su meta primordial. Si eso es todo lo que se persigue, nunca será suficiente. La satisfacción nunca llegara porque el hueco nunca se llenará. Ni para usted ni para los que trabajan para usted hacia esa meta. El vacío que viene del perseguir algo tan prosaico como fortuna, con el tiempo debilitará en vez de vigorizar a su empresa. La dirigirá hacia compromisos, cansancio y a una calidad mediocre de producto o servicio.

De igual forma, "progreso" y "éxito" no califican como una visión. Progreso puede significar muchas cosas y dependiendo de la etapa en que esta su empresa, es un termino muy relativo. En porcentajes estrictos, para una empresa que apenas empieza es muy diferente a una empresa multimillonaria. Un tipo de progreso diferente es posible para los dos. Y no se les puede comparar con el mismo sistema. De igual forma, el progreso en números no es todo lo que importa. Existen tipos de progreso que no pueden ser cuantificados. Progreso en habilidades, en madurez personal, entendimiento y sabiduría. Esos, sin embargo, son tan importante o mas que el crecimiento en el tamaño del mercado o precio de las acciones.

Utilidades, dinero y progreso simple no definen la visión de un Administrador. ¿Entonces, que lo define?

Como la visión de Juan Pablo II, una meta exitosa para una empresa u organización necesita estar centrada en la persona humana. Después de todo, una empresa es una comunidad de individuos, trabajando unidos para servir a otros individuos. Cualesquiera que sea su visión, necesita tomar en cuenta a esos individuos. ¿Qué necesitan su empresa, sus empleados y sus accionistas? ¿Les esta dando usted eso? ¿Esta el trabajo ayudándoles a vivir con mas plenitud e interés? ¿Hace hincapié en los derechos humanos? Esas son las preguntas que guardan su visión humanamente-centrada.

De igual forma, su visión debe de capturar la imaginación de todos los que participan en ella. Debería inspirar a los empleados y accionistas, de igual forma que Juan Pablo II inspiró a un batallón de sacerdotes, religiosos y laicos. Su meta tiene que impactar de igual forma porque un líder no puede realizar su meta solo. Siempre se requiere a mas de una persona para actualizar metas y sueños. Si una visión no inspira y excita a otros, no es una visión que va a perdurar.

Una organización que ayudé a fundar, Seven Fund, tiene como meta el ayudar a economías tambaleantes del tercer-mundo, a descubrir soluciones a la pobreza, enraizadas en los principios de empresa libre. Tanto mi socio y yo como los que trabajaban para nosotros compartíamos un deber firme al sistema de mercado libre y una creencia común que ese sistema es la solución para la gente atrapada en la pobreza. Esa visión nos proporciona energía. Nos invita a entrar en la puerta cada día y nos da el propósito para todas las tareas mundanas de todas las empresas.

Es fácil ver como una idea tal como luchar contra la pobreza puede inspirar. Mas el traer un gran producto al mercado – un producto que ayuda a la gente a comunicar mejor, que permite una mas rápida comunicación, o facilita la vida familiar puede ser igual de excitante. Somos criaturas físicas viviendo en un mundo material y lo que sucede en el mundo material, lo que experimentamos en nuestro cuerpo, afecta lo que sucede en nuestra alma. Se pueden hacer productos que son verdaderamente buenos, y tener servicios que son realmente efectivos sin que en alguna forma enriquezcan la experiencia humana.[17] Si usted comprende eso e incorpora ese entendimiento en su visión, sus colegas lo comprenderán al igual que usted. Su visión se convertirá en una fuente de inspiración.

Una meta tiene que retar y todos los empleados de la empresa necesitan hacer lo mejor que pueden para vivir a la medida de la expectativa. General Electric ha estado motivando a sus empleados por años con la visión de traer "buenas cosas a la vida." Google dice "no hagas daño." ServiceMasters dice "honrar a Dios en todo lo que hacemos." Estas son metas grandes y retadoras. De ahí que, Una visión debe impulsar a los empleados a hacer esfuerzos de magnitud no conocida y absorber talento de las reservas que ellos no sabían que tenían. Debe requerir que ellos den algo de sí mismos para el bienestar de otros. El hecho de darse por enterados de la misión de la empresa hace que la verdadera personalidad de la gente salga a relucir. Esto es lo que hará mas satisfactorio al trabajo. Es lo que dará vida tanto al empleado, cliente o al área demográfica a la que se sirve.

***

Por los primeros varios días que serví como guardia Suizo, permanecí dentro de los confines de la Ciudad del Vaticano. Ahí, por desconocido que era para mi, era también muy familiar. Los tenderos y carteros trabajaban arduamente para mantener relaciones amistosas con los guardias. Me sentía yo a gusto. Las barracas de los Guardias Suizos eran casi como una pequeña Suiza, con geranios en el patio y cerveza Suiza siempre accesible. Para un joven como yo, uno que escasamente había salido de su pequeño pueblo, La Ciudad del Vaticano no se sintió muy diferente. Era accesible, segura, y casi familiar.

La ciudad de Roma era muy diferente. Su tren de vida tan rápido azotaba como olas violentas en las pacíficas playas serenas del Vaticano. Durante mi primer día en esa ciudad casi me ahogué con esas olas.

Conforme me preparaba a explorar la ciudad, el tráfico entre el límite de la Ciudad del Vaticano y Roma me detuvo. La calle frente a las barracas de los guardias Suizos. Esperé y esperé por la luz de trafico, mas aún con la luz verde, este no cesaba de venir. Cada vez que empezaba yo a cruzar, los coches iban a mi alrededor y sonaban la bocina, mas no hacían el intento de detenerse. Quise intentar cruzar para tener que rápidamente brincar atrás para salvar mi vida. ¡Estaba azorado.! "¿Qué es esto? "Este caos es demasiado para mí," pensé.

Estaba listo para regresarme a las barracas cuando escuche una voz que me gritaba. "Helvecio, ¿porque te paras ahí tan perplejo?"

El grito venía de un hombre relativamente corto con una cara roja y redonda, lentes demasiado grandes y cráneo rasurado. Vestía en overoles azules, y me recordaban a un mecánico de autos. Era el maestro de Latín del Papa. El Padre Reggie Foster (lo que explicaba porqué me había llamado con la palabra Latina para Suiza.)

"¡Aviéntate!" el me gritó en voz aguda. "Se uno con este caos perfecto. Hazlo tuyo y te obedecerá."

Conforme hablaba empezó a lentamente caminar hacia atrás dentro de el ocupado crucero, su mirada aún enfocada a la mía. Nunca dudó. Había un concierto de bocinas, los autos circulaban alrededor de el frenando ruidosamente y los conductores le gritaban blasfemias desde sus ventanas abiertas. Mas ninguno se atrevió a tocar al hombre quien se detuvo a la mitad de la intersección, haciéndome señales ondulantes recalcando sus instrucciones.

El Padre Reggie merece todo un libro para el solo. Era un hombre bajito y testarudo quien insistía en vestir en overoles azules (adquiridos anualmente en JC Penney en Milwaukee, WI) en vez de sotana. Constantemente argumentaba con Juan Pablo sobre si el nombre en Latín del Papa empezaba con "J" o con "I". (El Papa ganó mientras en vida. Mas es Ioannes y no Joannes en su tumba). Batallas con el sucesor de San Pedro a un lado, la determinación del Padre Reggie de adentrarse en las calles de Roma nos muestra lo que quiere decir el unir la paradoja entre una meta para el futuro y atención al momento presente. El sabía a dónde quería ir – al otro lado de la calle – y el sabía que esa calle estaba en Roma. Significaba que no podía cruzarla como lo haría en Lucerna o Milwaukee. Las circunstancias de dónde estaba requerían una calmada y confidente entrada al caos, el cual es la única forma de cruzar esa concurrida intersección en la Ciudad Eterna. El Padre Reggie permaneció enfocado en, a dónde iba y en dónde estaba, y aparentemente contra todas las circunstancias cruzo la calle.

Eventualmente yo también.

Punto de acción: Una misión para su vida

Juan Pablo II tenía una misión en su vida. ¿Cúal es la misión de usted?

Tome 30 minutos y escriba su misión personal. Sea específico. Cubra todas las áreas pertinentes de su vida y papeles que ha desempeñado. Enseguida anote sus metas a corto y a largo plazo para cada una: familia, trabajo, amigos, vida social, y su desarrollo personal. Finalmente anote un plan de acción, anotando ambos, acciones de ambas, momento presente y en los años por venir que le ayudaran a volver esa visión en una realidad.

Revise este plan de acción anualmente, haciendo las revisiones apropiadas.

Preguntas Para Reflexionar

1. Describa la visión o misión de su empresa. ¿Cómo se compara al criterio de una visión exitosa discutida en este capítulo? ¿Esta centrada en las personas? ¿Inspira? ¿reta? ¿Se esta practicando? ¿Vive usted de acuerdo a la visión de su propia compañía? Si no, ¿que necesita cambiar? Enliste cinco cambios que puede usted implementar en su comportamiento que refleja la visión de su empresa en lo que usted hace y en cómo lo hace.

2. Describa un tiempo en que usted o su asociado trabajaban solamente por ganancia financiera a corto plazo y no para la verdadera misión de la empresa. ¿Cuáles fueron las consecuencias de ambos, a corto y a largo plazo?

3. ¿Que tan honestos son sus empleados en decirle a usted la verdad en cualquier situación? ¿Promueve usted honestidad y franqueza? ¿Cómo puede usted ser más honesto? ¿Cómo puede usted invitar más honestidad de otros? Mencione cinco acciones concretas.

4. ¿Qué necesita cambiar en usted mismo para estar más atento al momento? Mencione cuando menos tres cosas concretas que puede hacer a diario.

Capítulo Seis

Conozca a sus colaboradores:
El valor de cultivar y sincronizar talento

A uno le dio cinco talentos; a otro, dos; al tercero, uno – a cada uno de acuerdo a su habilidad. Entonces se alejó.

Mateo 25:15

"El trabajador no solamente desea completa remuneración por su trabajo sino que también desea que dentro del proceso de producción se haga provisión para que el pueda saber que en su labor, aún cuando es algo que es conocido, el esta trabajando "por sí mismo." Este conocimiento se extingue dentro de él en un sistema de excesiva centralización de burocracia que hace que el trabajador se sienta como una refacción de una máquina enorme que alguien esta moviendo, que el es por mas razones que una un mero instrumento de producción en vez de un verdadero elemento de trabajo con iniciativa propia."

—San Juan Pablo II

Yo me desperté en las barracas a las 5:30 a.m. al retumbar de los tambores. Era Mayo 6 de 1987. Después de un desayuno ligero me vestí con mi uniforme de gala y caminé hacia el patio para el llamado de la mañana. Estábamos treinta y tres de nosotros reunidos ahí, quienes habíamos entrado en el curso de los últimos doce meses, además de como veinte guardias con mas señoría. Porque hacíamos guardia 24 horas del día, esta era quizás la reunión mas numerosa de Guardias, no solo por el día, mas por todo el año.

Después de entrar la formación y pasar la lista, marchamos a el Aula Della Benedizione (Salón de Bendiciones). Esta situado exactamente detrás de La Plaza de San Pedro, cuya ventana central se abre al famoso balcón en donde aparece el nuevo papa inmediatamente después de ser electo.

Epígrafe. Carta Encíclica de Trabajo Humano Laborem Exercens (Sept. 14, 1981), 15.

Entramos a la sala en fila cerrada, encabezados por nuestro Comandante Oficial, la bandera Suiza y cuatro tamboristas. Era un cuadro imponente cuando marchábamos formados hasta nuestros asientos. Pude ver a mi abuelo, parado a un lado, saludándome con lágrimas en los ojos.

Además de mi abuelo, mis padres y otros familiares estaban presentes en el hall, así como las familias y pastores de la mayoría del resto de los guardias. Habían viajado de Suiza para esta celebración anual que tanto conmemoraba el juramento en la nueva guardia y daba tributo a nuestros compañeros caídos.

Después de sentarnos, el Papa entró, bendiciendo a las familias y a los nuevos guardias conforme se dirigía al altar. Ahí, junto con varios de nuestros sacerdotes parroquiales el celebró la Misa. Al terminar la Misa, cambió sus vestiduras y oró por unos minutos. Entonces invitó a los nuevos reclusos a presentarle a sus padres. En la Guardia la orden de la secuencia usualmente es por estatura y no por nombre, así que yo (6'.9") fui uno de los primeros en ser llamado.

En los días anteriores a la audiencia, había yo pensado mucho sobre lo que iba yo a decir y de cómo iba yo a presentar a mis padres. Mas conforme nos acercábamos, todas las palabras cuidadosamente practicadas me fallaron. Estaba yo tan emocionado que no podía hablar. Afortunadamente el Papa tomó la iniciativa y habló por mí.

"Ah, Andreas ¡mi guardia mas alto! Dijo extendiendo sus manos una a mi padre y la otra a mi madre. Mientras yo estaba erguido entre ellos, "Ustedes deben estar orgullosos de su hijo." El continuó.

Mi padre alcanzó a musitar unas palabras acerca de lo feliz que estaba de tener a un hijo sirviendo al sucesor de San Pedro, y Juan Pablo asintió comprendiendo. El entonces volteó hacia mi madre, tomó ambas de sus manos, la miro a los ojos llenos de lágrimas y dijo "Gracias por darme a mi guardia mas alto." Entonces puso su mano en la frente de mi madre y la bendijo.

Estando ahí parados, me di cuenta que ambos de mis padres me tenían cogido de la mano. Era la primera vez que sentí que ellos estaban dependiendo de mi en vez de yo en ellos.

Ese día algo cambió entre mis padres y yo. Cuando me miraron, ya no vieron a un niño, sino al hombre quien era parte del mundo de Juan Pablo II. Algo cambió en mí también. Comprendí por primera vez que era yo parte de algo mas grande que yo mismo y que la guardia Suiza. Me ví como un colaborador de Juan Pablo II, como un colaborador en su misión para el hombre, la Iglesia y el mundo. Sabía que mi papel era pequeño, mas ese día me di cuenta de lo importantes los pequeños papeles pueden ser en una gran misión. Cuando salí de esa sala de audiencias, fue con un entusiasmo nuevo por mi trabajo y con una honda apreciación por la oportunidad que se me había dado.

Esto no fue una coincidencia.

Durante los veintisiete años de su pontificado, Juan Pablo II fue reconocido como uno de los hombres mas famosos en el planeta. Su vida inspiró a cientos de millones de gente. Sus palabras moldearon la historia de la última mitad del siglo XX. El Espíritu Santo tuvo mucho que ver con eso, tanto como el grupo de gente que trabajo al lado del Papa, planeando sus viajes, llevando sus mensajes y haciendo que el motor del equipo del Vaticano trabajase sin problema.

Se necesito mas de un solo hombre para extender la visión de Juan Pablo y el lo sabía. El entendía que los grandes líderes necesitan grandes equipos. También los grandes líderes forman grandes equipos, que es la responsabilidad del líder cultivar las virtudes y hábitos necesarios para el éxito de los que trabajaban con el y el ayudarles a comprender la importancia del trabajo que desempeñan. El tomo un gran cuidado en cuidar, ensamblar, dirigir y motivar a su grupo. En eso, él fue excelente.

Formando un equipo

Desde el comienzo de su pontificado, como cualquier otro Administrador Ejecutivo necesitaba formar un equipo ejecutivo. Necesitaba seleccionar a los hombres quienes serian responsables, a los mas altos niveles, de asistirle en llevar a cabo su misión. El podría haber hecho esto de inmediato, haciendo cambios aquí y allá después de haber sido elegido. Mas no fue así. El hizo algunos nombramientos al empezar, mas en su mayoría, el esperó hasta que sintió que el tiempo había llegado y la persona capaz estaba ahí. El observó la naturaleza del Vaticano, la naturaleza de los que le rodeaban, y solamente después de cuidadosa deliberación, empezó a hacer cambios en el personal y la estructura que heredó de Juan Pablo I y Pablo VI.

Siempre que un puesto estaba vacante, lo llenó con alguien quien compartía su visión, que era capaz, seguro e independiente. Dio autoridad a la persona para realizar su visión a su manera. El Papa no formó su grupo dirigente con hombres que eran copias de él mismo, sino que asignó individuos con experiencias y personalidades rigurosamente diferentes. Estaba el astuto, político Cardenal Agustino Casaroli, quien como Secretario de Estado tenía la astucia de tratar con diplomáticos y dictadores con gran tacto y destreza. Después tenemos al tímido y reflexivo Cardenal Joseph Ratzinger, cuya mente metódica trajo claridad a la Congregación de la Doctrina de la Fe, la oficina responsable de la enseñanza de la doctrina Católica. El sonriente Cardenal Francis Arinze de Nigeria, asignado como Prefecto de la Congregación de Adoración Divina. Su porte era gentil y amistoso que lo hizo un apaciguador, defensor de la Liturgia Católica.

Hubo otros, cada uno diferente, mas todos compartían la visión de Juan Pablo, dignos del cargo asignado a ellos. Lo mas importante para el Papa era que ellos tuviesen la capacidad de desempeñar bien el puesto. Por lo que respecta a la nacionalidad, lo cual había sido importante para sus predecesores, le importaba poco. De diez o mas de puestos de importancia en la jerarquía del Vaticano que los Italianos habían dominado anteriormente, bajo Juan Pablo II quedaron solamente cuatro. Poder e Influencia no importaban a Juan Pablo quien cambió la estructura de los miembros del Colegio de Cardenales a que fuese mas semejante a la estructura de la población Católica mundial. Cuando el murió, 40 por ciento de los cardenales votantes vinieron de países en desarrollo. Cuando el tomo el poder, el porcentaje era menos de diez.

Durante los años de mi servicio en el Vaticano, yo ví a varios hombres a quienes había llegado a conocer personalmente, ser elevados a posiciones de poder. Sin fallar, esos hombres estaban entre los sacerdotes y obispos que me habían hecho sentir impresionado. No puedo recordar en alguna vez el haber pensado "¿Que? ¿El? ¿Que esta pensando el Papa?" Las selecciones fueron siempre sabias, el resultado de la minuciosa atención a individuos de Juan Pablo II, su personalidad siempre alerta y reflexión cuidadosa en la opción que tenía enfrente.

Mas tarde, una vez que esos miembros de su equipo estaban en su posición Juan Pablo trabajó en el reesfuerzo de las destrezas de cada uno. Ninguno de sus Cardenales era perfecto. El papa sabía esto tan bien como los demás. Mas el decidió ayudarles a enfocarse y desarrollar sus talentos, en vez de lamentarse en sus debilidades. En ciertas situaciones el enviaba representantes personales quienes tenían una cierta habilidad que armonizaba con la tarea específica – asistir a una negociación difícil, intervenir en una situación delicada – y entonces asignaba la porción del asunto a largo plazo a otros. Por ejemplo, en vez de enviar a uno de los mas altos diplomáticos del Vaticano (quienes son sacerdotes, obispos o cardenales) a la Conferencia de Mujeres en Beijing, envió a una persona muy capaz – laica Americana, profesora de leyes y experta escolar en relaciones humanas internacionales, Mary Ann Glendon.

Sacerdotes y obispos pueden ser tan territoriales como cualquier otra persona por lo que concierne a departamentos y trabajos. No que nunca hubiesen riñas bajo la vigilancia de Juan Pablo II o que nadie protestara cuando hacia cambios de personal. Mas el Papa siempre hacia todo lo posible por evitar disputas. Mas en lo mas importante, el no permitía que una situación así le evitase combinar la capacidad de la persona con la tarea apropiada. En su opinión fue que lo que estaba pendiente era demasiado importante para dar lugar a políticas de Vaticano.

La marca de un verdadero líder

Aquí, Juan Pablo sabía lo que muchos Ejecutivos no comprenden. Una de las características de un buen líder es la habilidad de combinar persona con tarea correctamente. Se debe ser un sincronizador de talentos y conocer lo que cada tarea requiere y las destrezas necesarias para llevarla a cabo. No que la tarea sea mas importante que la persona que la realiza. Todo lo contrario. Mas muchos ejecutivos tratan de forzar a la persona para adaptarse a una posición como un niño que trata de forzar un bloque cuadrado en un espacio circular. El hacer esto es contraproducente para ambos, el empleado y la compleción de la meta.

Mis mas dolorosos errores en los negocios resultaron por eso exactamente. El no haber combinado mi meta con los valores de mis empleados. En el no haber considerado quien seria mejor para la tarea o quien se podría haber mejorado de cual decisión. No hice mi tarea en sentarme a platicar con ellos acerca de sus carrera, entrenamiento, metas y necesidades de guía y mejoramiento.

No fui suficientemente atento, como Juan Pablo II, a la verdadera naturaleza de mis empleados. Aun sospechando que cierta persona no era la mejor para el trabajo, me negué a admitirlo. Estaba yo mas enfocado en las necesidades inmediatas de la empresa mas no en lo que hubiese sido mejor para el empleado y la empresa a lo largo del tiempo.

La forma de evitar estos errores es tomar mas tiempo con decisiones de esa naturaleza. Un Administrador Ejecutivo debe tener una platica regularmente con cada uno de sus empleados directos. Se deben cubrir temas como metas, talento, y experiencias pasadas. También tiene que pensar seriamente en las áreas que necesitan mejoramiento y hablar con honestidad cuando algo no esta resultando bien.

He conocido ejecutivos que huyen de esta clase de confrontación, mas no tiene que ser desagradable. Puede ser una experiencia constructiva y agradable. Esto depende de su habilidad en dirigir y alentar a su equipo con la actitud de un entrenador.

Dirigiendo como un entrenador

Cuando se trata de administrar, hay críticos y hay entrenadores. El primer objetivo del crítico no es la persona sino el proyecto. En los ojos del crítico la persona es el medio para alcanzar el final. El entrenador, de lo contrario, es alguien quien guarda en mente a la persona en su totalidad, con un enfoque especial en el potencial del empleado y el progreso que están haciendo en obtener ese potencial. La crítica del entrenador quizá sea un poco dura, mas también es alentadora y llena de esperanza. Le interesa llegar a la meta, mas la persona es mas importante para el.

Juan Pablo II era un entrenador. Ya sea que estuviese encontrándose con los asistentes mas importantes o con guardias insignificantes como yo. El nunca confundió la verdad. Era realista en cuanto a problemas, obstáculos y demás. Así de gentil como el era, no cubría con azúcar los hechos difíciles. Mas aproximaba esas ocasiones con una actitud de "es posible hacerlo." Tenía la seguridad de que los obstáculos podían ser vencidos, y siempre hacía a la persona sentir que estaba de su lado.

Nunca podré olvidar lo que me dijo una vez que decidí dejar la guardia Suiza:

"Ve afuera y trae contigo al mundo lo que has aprendido aquí: Tengo grandes esperanzas en ti."

Juan Pablo II me dijo claramente que creía en mí. El, en efecto, creía en toda la gente – en el poder y potencial para el bien que todos poseemos como criaturas creadas a la imagen de Dios. El había visto lo peor que la humanidad puede hacer, Campos de muerte Nazis, purgas Estalinistas. Represión de derechos y libertades básicos, y aún así tenía confianza en la humanidad. El quería que el hombre confiara en la humanidad también. Esta era la finalidad de sus platicas estimulantes tales como las que nos dio a mi y a otros guardias. El sabía los anhelos básicos en todos nosotros. El deseo por significado, grandeza, el ser valorado, confiado, amado y aceptado- y el sabía como hablar a aquellos anhelos. El nos empezó a conducir hacia el que podría llenarlos – Dios – y nos hizo sentir que tal nivel de gloria no estaba fuera de alcance.

Juan Pablo también sabía como hacer a la pequeña tarea del guardia sentirse tan importante como uno de los mayores actos del ministerio diplomático y pontifico. Nos urgió a buscar el porque somos importantes tanto nosotros como nuestro trabajo. Nos inspiró a entregarnos de lleno a cualquier tarea que tomásemos.

El hizo eso no solamente con palabras de benevolencia mas también estableciendo una relación personal con cada uno de nosotros. El tomó tiempo para conversar con todos nosotros los que servíamos en el Vaticano. El puso atención a la gente, y por medio de los mas simples actos de reconocimiento ayudó a todo aquel que trabajaba con el, en estar conscientes de que no eran solamente elementos secundarios trabajando en una máquina burocrática, sino contribuyentes muy elementales en el trabajo mas importante del mundo. Esa misma actitud es lo que hizo posible para sus consejeros el dar y recibir consejos honestos. Su equipo confiaba en el porque le conocían.

Con los guardias Suizos específicamente , una de las maneras en que hacia esto fue invitarnos a comer durante el verano cuando nosotros estábamos en Castel Gandolfo y su itinerario no era tan ocupado. Los guardias preparaban una comida Suiza y pasaban la tarde entreteniendo al Papa con música, cantos y presentaciones con transparencias acerca de nuestra vida como guardias. El Papa obviamente se divertía en estas tardes, riendo de las bromas de los guardias y haciendo preguntas acerca de nuestro trabajo. El verdaderamente deseaba saber como este o aquel trabajo eran y de cómo ciertas obligaciones eran ejecutadas. Con todas estas preguntas los guardias sentían que alguien se preocupaba y afirmaba de ellos.

Juan Pablo también hizo tiempo, cuando era posible, de bautizar a los hijos de los guardias Suizos. Su secretario hablaba inmediatamente al nacer estos y preguntaba como la madre y el bebe estaban, y anunciaba a ambos padres que el Santo Padre estaría feliz de bautizar al bebe si ellos deseaban – y por supuesto la mayoría accedieron.

El entrenador en la empresa

Si el dirigente de un billón de Católicos puede hacer tiempo para edificar una relación con sus empleados, no hay un ejecutivo o administrador que no pueda hacer lo mismo. Conocimiento y contacto personal moldean el espíritu de un equipo. Entre mejor conozca a sus empleados y ellos se sentirán seguros con usted, mas podrá dirigirles como un entrenador y no como un crítico. Esta es una razón mas por la cual detalles como elevadores separados y entradas para el ejecutivo o sus socios son tan mala idea. Esto alimenta la mentalidad de "nosotros contra ellos" que ha plagado a tantas firmas. También dificultan el que el ejecutivo considere a la persona antes de la meta. Después de todo, si nunca se le ve a la persona ¿como va a ser este distinguido por usted como mas importante que la visión que siempre tiene en la mente?

Así que ¿como se forma esa relación? Dependiendo del tamaño de su empresa o departamento hay varias formas, de celebraciones Navideñas y días de campo a un desayuno mensual. Asambleas regulares y evaluaciones son muy importantes. En esas asambleas usted debe escuchar y hablar, con el fin de descubrir como percibe su trabajo la persona, su posición en la empresa y lo que piensa que necesita para hacer su trabajo aun mejor. Simplemente preguntando algo de vez en cuando como lo hizo Juan Pablo es muy importante. ¿De donde es usted? ¿tiene familia? ¿Qué es su pasatiempo favorito? Cortas respuestas a preguntas cortas ayudan mucho a conocer a la persona enfrente de usted, dejándole saber que el significa mas que solamente un titulo para un trabajo.

Cuando usted administra como un entrenador, su ética se centrará mas en la persona y esto ayuda a sus empleados a expandir el potencial que Dios les dio haciéndolos también mejores empleados, mas capaces y mas dispuestos para trabajar mas duro a edificar una empresa mas sólida. Es algo que produce un buen sentido humano y bueno para la empresa también.

**

Una vez que ha formado a su equipo e impulsado su avance ¿qué puede esperar de ellos? Puede usted esperar a alguien como el Arzobispo Henri Lemaitre.

Yo conocí al Arzobispo un anochecer en 1987 mientras hacia guardia en el patio de San Dámaso. El pasaba de camino a una asamblea, y mas que todo por aburrimiento, inicié una conversación con el. Parecía un hombre común, de una edad madura y vestía el típico cuello Romano. Su Pasaporte me decía que el era el Arzobispo quien dirigía la Embajada del Vaticano en Dinamarca y representaba al Vaticano ahí, así como en Suecia, Noruega, Finlandia e Islandia. Después de una corta conversación descubrimos que conocía a mi padre. Algo me dijo que este hombre tenía historias que contar, así que le pedí si podíamos continuar nuestra conversación durante la cena la noche siguiente. El accedió. Cuando nos vimos al día siguiente descubrí que mi instinto había sido correcto.

Resultó que este hombre era la versión del Vaticano de 007. A través de los años el sirvió al Papa en Camboya y Vietnam en donde casi fue linchado por una multitud enfurecida; así como en Uganda, en donde le fue asignado el negociar con el dictador sin sentimientos Idi Amin. El Arzobispo había apoyado iglesias clandestinas en países en donde la Fe era prohibida o donde había iglesias falsas que el gobierno controlaba. El también trabajo en la prevención de ejecuciones de sacerdotes y se aseguraba que dinero para misiones llegase a sus recipientes correctos. El hizo el tipo de actividades que uno únicamente lee en libros o ve en películas, y lo hizo casi sin ayuda de otros.

Lugares en donde el Vaticano enviaba a Lemaitre la comunicación era difícil en ocasiones. En medio de revoluciones y demostraciones, no había forma de confirmar con el Vaticano sobre la acción que debía tomar o cuánto se debía arriesgar. El tenía que hacer esas decisiones por sí mismo, cambiando de seguidor a líder cuando todos los canales de comunicación estaban silenciosos. El tenía la habilidad de realizar los deseos del Papa aún cuando no se le había comunicado cuales deseos eran esos. El podía hacer eso porque el poseía las destrezas diplomáticas que requería el trabajo, además de valor, pasión y un buen entendimiento de la visión del Papa.

Ese es el tipo de miembros del equipo que el estilo de liderazgo de Juan Pablo II cultivaba. Esa es la clase de miembro de equipo que toda empresa, grande o chica necesita.

Sincronizando talento

¿Que tan bien combinan la persona con el trabajo en su empresa?

Este simple ejercicio a continuación le ayudará a encontrar la respuesta a esta pregunta.

1. Prepare una lista de los puestos clave en su empresa o grupo. Describa en términos claros lo que cada obligación necesita en cuanto a capacidad humana y habilidad. Siéntase libre de distinguir entre esenciales y "sería útil si pudiese."

2. Piense en sus empleados (que reportan directamente a usted) y haga una lista de sus principales potenciales y talentos. También anote cual es su visión futura para cada uno de ellos. Cuándo cierto individuo esta en la cúspide ¿como es el? ¿qué podría cada persona obtener si se esfuerza?

3. Ponga atención en como combinan las dos listas. Esta la persona en la posición correcta? Si es así, ¿que ayuda o entrenamiento podría elevarle al siguiente nivel? Si no, ¿qué sería mejor para el? ¿Puede usted ayudarle a llegar ahí?

Preguntas Para Reflexionar

I. ¿Quién fue el mejor jefe que usted tuvo? Describa lo que lo hacia bueno. ¿Dirigía él como un entrenador o como un critico? ¿Cómo conseguía el lo mejor de usted como empleado?

II. ¿Quién fue el peor jefe que usted tuvo? Describa porque era difícil de trabajar con el. ¿Cómo afecto el estilo de supervisar de este jefe al trabajo de usted y de sus compañeros?

III. Describa la clase de supervisor que usted quiere ser. ¿Que tan de cerca están combinando la realidad de su visión? ¿Hay algo que necesita cambiar? ¿Cómo piensa usted que esos cambios van a afectar a su grupo?

Capítulo Siete

Viva como testigo:
El testimonio de justicia

El rey responderá: "En verdad les digo que cuando lo hicieron con alguno de los mas pequeños de estos mis hermanos, me lo hicieron a mi"

Mateo 25:40

"La relación entre la libertad del hombre y la ley de Dios la cual esta centrada en la conciencia moral, se manifiesta y realiza por medio de actos humanos. Es precisamente por medio de sus actos que el hombre obtiene perfección como hombre, aquel que es llamado a buscar a su creador por su libre albedrío para llegar a una plena y bendita perfección siendo leal a El."

—San Juan Pablo II

En Roma, a los gitanos se les ve por doquier – en el tren subterráneo, en las calles e iglesias. Tienen fama de rateros y carteristas. Algunos actúan por las calles. En su mayoría son mendigos. Ellos han hecho un arte de esto.

Visitantes a Roma a menudo les encuentran molestos. Nunca están seguros de si deben darles dinero o no. Esto afecta especialmente a los peregrinos Católicos. Una de las primeras recomendaciones que les dan Romanos conocedores es de nunca dar nada a un gitano, porque en su mayoría son estafadores y rateros. Mas cuando los peregrinos ven a una mujer con ojos tristes con un pequeño con ojos aun mas tristes, no se les hace muy cristiano el pasar al lado de ella insensiblemente. Los Romanos, sin embargo, no tiene esa compasión. Ellos odian a los gitanos y han hecho un arte en odiarles, tal como los gitanos lo han hecho de mendingar.

Epígrafe. Carta Encíclica En La Enseñanza Moral De La Iglesia Veritates _Splendor_ (Agosto 6, 1993), 71.

Debido a que los Romanos primordialmente sirven al Vaticano, atendiendo en todos los negocios dentro de la Ciudad del Vaticano y una gran parte de los puestos eclesiásticos, nos podemos imaginar la actitud de ellos hacia los gitanos ahí, mas en el tiempo en que viví ahí, esa animosidad empezó a desaparecer debido a Juan Pablo II.

Juan Pablo sabía como los gitanos eran percibidos dentro de las murallas del Vaticano. Y a el le disgustaba eso tanto como le disgustaban los hombres sin hogar, mujeres y niños durmiendo en los escalones de las puertas del Vaticano. Así que en Mayo de 1987, como seis meses después de que llegué a Roma, el accedió a la petición de Madre Teresa de abrir un refugio de 74 camas dentro del Vaticano. Se abrió el siguiente Invierno.

Tan pronto como las hermanas empezaron a tener invitados, los guardias Suizos empezaros a servir de voluntarios. Nuestro trabajo era guardar la seguridad del lugar y de las hermanas. Mientras hacíamos servicio ayudábamos a las hermanas con las variadas obligaciones que tal compromiso demandaba. Yo usualmente tome la obligación de ayudarlas a servir la cena. Nunca dejó de impresionarme la simpleza, humildad y amor de las hermanas. También me sentí admirado de las acciones del Papa.

Juan Pablo II no solamente actuó para que se abriera un, nunca visto, refugio dentro del Palacio Papal sino que también, sin precedente y aun mas sorprendente dio audiencias para los gitanos y la gente sin hogar de Roma. En medio de sus viajes por el mundo visitando a primeros ministros, moldeando la forma en que la Fe era enseñada y vivida, el regularmente tomo el tiempo para estar con aquellos a quienes la mayoría de los Romanos consideraban la escoria de su ciudad. La significancia de esto nunca se perdió entre los gitanos que solían asistir a las audiencias. Conforme yo hacia guardia, Yo observaba sus caras y eran diferentes de las caras cuando estaban afuera. En cierta forma, se les veía como ellos en realidad eran. Perdían la imagen anónima del mendigo y en su lugar salía a relucir la verdadera dignidad de individuos que Dios les dio.

Al venir a encontrarse con el Santo Padre, esos gitanos y mendigos mostraban quienes eran ellos verdaderamente. Nosotros también. Después de esas audiencias ninguno de nosotros en la Ciudad del Vaticano veía a los gitanos de la misma forma. Las acciones de Juan Pablo II nos afectaron a todos. Ellos nos ayudaron a ver la verdad de la situación, y nos ayudaron a cada uno de nosotros a actuar con mas virtud.

Este es el poder que poseen los líderes. Por sus acciones, ellos moldean las creencias y acciones de aquellos que les sirven. Es por eso que es tan importante que las acciones de un líder sean las correctas. En todas sus acciones, grandes y chicas, el debe vivir como un testigo a la verdad. El nunca debe olvidar lo que nuestras madres tan insistentemente nos dijeron: las acciones hablan con mas intensidad que las palabras.

Porque son importantes las acciones

Las acciones son importantes porque toda acción (e inacción) tiene consecuencias. Algunas consecuencias pueden ser pequeñas. Algunas pueden ser devastadoras. No importa que hagamos, cada acción que tomamos, nos afecta de alguna forma a nosotros, a las vidas de otros o a nuestro medio.

Observe, por ejemplo, como nos afectan nuestras acciones. Si yo deseo ser pianista, la forma de hacerlo no es sentarme a pensar en ser pianista o pasar mis tardes escudriñando hojas de música. La forma de llegar a serlo es practicando el piano. Si yo practico la acción de tocar el piano a menudo, mis acciones eventualmente me convertirán en lo que busco ser.

Lo mismo es verdad con el resto de las acciones. Si yo hago trampa en las cartas, me hago un tramposo. Si miento a mis socios, me hago un mentiroso. Si engaño a mi esposa, me hago un adúltero. De lo contrario, si doy a los necesitados, me hago generoso, Si me callo cuando alguien me insulta, me hago apacible. Si controlo mi enojo y fuerza, me hago gentil.

Nada de lo que yo haga puede destruir la dignidad que Dios me dio, aunque algunas acciones pueden debilitar y otras la pueden enaltecer. Para bueno o para malo nuestras acciones nos definen y moldean.

Ninguno de nosotros vive aislado del resto. Nuestras acciones no solo nos afectan a nosotros mismos. También afectan a otros por días, siglos y aun milenios en el futuro. ¿No fue el error de Adán y Eva, nuestros primeros padres, que nos introdujo al pecado original? Ellos pecaron y esa culpa ha ido pasado a sus hijos y a todo ser humano que desde entonces ha caminado en la faz de la tierra. La acción de ellos tuvo consecuencias que perduraran hasta mucho después de que el sol deje de brillar.

Mis acciones pueden hacer lo mismo aun cuando no sea en tal magnitud. Una palabra amable o una palabra dura a mi hijo puede cambiar su entendimiento de mi, de el mismo y del hombre en general incluyendo a Dios para el resto de su vida. ¿Cómo se trata a un compañero de trabajo? – Se le ayuda cuando la fecha de entrega es apremiante, o no se le ayuda – cuando se trata de entre perder su trabajo o conservarlo. Todas nuestras obras buenas y malas perduran, dependiendo del efecto que tienen en otros. Pueden tomar un lugar en la historia.

Cuando usted es el líder esos efectos son amplificados aun mas. Haga suficientes de esas buenas o malas acciones y no solo se afecta usted y a otra persona sino a la cultura entera de su negocio. Su personalidad puede hacer de su hogar un lugar muy desagradable. En donde nadie dice lo que piensa en donde sus hijos aprenden a responder frustrados con gritos y violencia. Lo mismo aplica a nuestro trabajo. Mi disposición para hacer negocios dudosos creara una cultura de deshonestidad dentro de la compañía. Los errores serán disimulados, las cifras inventadas, los materiales de oficina (o peor aún) hurtados.

En resumidas cuentas si usted desea crear un hogar apacible y feliz , su forma de actuar debe ser feliz y apacible. Si usted desea un equipo trabajador y honesto, usted tiene que actuar honesta y diligentemente. Tiene que usar su mente y su voluntad para estar consciente de sus acciones y consecuencias. Entonces adoptar las acciones que producirán las consecuencias que usted desea.

Nadie o casi nadie actuara como usted dice. Ellos actuaran como usted actúa – de ahí que es mejor que usted actúe de una manera correcta.[18]

El corazón de la acción papal

En el capítulo tres, yo hablé de la importancia de la ética en ayudarnos a actuar correctamente. Nos da una base para escoger el bien. Aquí yo agregaré que la ética, mas que todo esta moldeada por lo intelectual. Es el producto de razonamiento moral claro.

Necesitamos un razonamiento claro y moral porque da forma y moldea las acciones correctas. Sin embargo, no las anima, no da vida y calor a las acciones para que seamos testigos auténticos y efectivos. En otras palabras, ética es la guía para la acción correcta mas no es el corazón de la acción correcta. La ética de Juan Pablo II centrada en la persona como solamente un concepto filosófico no es lo que nos hizo detenernos a observar cuando el tomaba las manos de mujeres gitanas entre las suyas y besaba a pequeños con CIDA. La estructura de su ética no fue por lo que un incontable numero de jóvenes lo siguieron al sacerdocio o a la vida religiosa o la razón por la cual millones empezaron a vivir su fe mas seriamente. No fue exactamente la razón que me impulsó a vivir mi fe mas seriamente.

Era algo mas, algo que daba vida a todo lo que Juan Pablo II hacía. Mas específicamente, pienso que hay tres actitudes que son esenciales para ser testigo de la verdad y líder por medio de la acción: conocimiento, respeto por la dignidad humana y amor.

Conocimiento

Por conocimiento, no quiero decir necesariamente conocimiento por libros. Juan Pablo II era una persona demasiado intelectual. El tenía dos doctorados, era un gran filosofo, autor y poeta. Hablaba cuando menos ocho idiomas con fluencia. Pasaba horas a diario leyendo, escribiendo y estudiando. Su conocimiento de ideas, historia y cultura le permitieron hacer decisiones informadas y actuar correctamente en un sinnúmero de situaciones.

Mas Juan Pablo quizás aprendía mas haciendo y escuchando que leyendo. Cuando niño jugaba fútbol con sus vecinos Judíos. Cuando era joven trabajó en minas de piedra y en fabricas de químicos. Como sacerdote y obispo paso muchos fines de semana en excursiones con parejas de casados y jóvenes. Una vez que fue papa, el insistió en viajar por el mundo, en ir a ver a donde sus rebaños vivían y trabajaban, luchaban y oraban . Juan Pablo II siempre estaba en algún lugar del mundo, experimentando con la vida y siendo atento a todo lo que pasaba a su alrededor. El era un estudiante de la vida, y sabia que el tenia tanto que aprender de otros como otros de el. El Escribió:

"En mis viajes por el mundo, cuando veo a los grupos de jóvenes, primero observo y escucho lo que me quieren decir acerca de ellos, su sociedad, su Iglesia. Y siempre les digo: Lo que tengo que decirles a ustedes no es tan importante como lo que ustedes me van a decir a mi. No necesariamente me lo expresarán en palabras; sino con su presencia, canciones, en sus danzas, actuaciones y finalmente, con su entusiasmo." [19]

Juan Pablo II sabia que si el quería que sus acciones significaran algo para la gente, el tenía que conocer a esa gente. Tenia que conocer al mundo como era. El tenia que aprender del mundo para que el mundo aprendiese de el.

Respeto por la dignidad humana
En sus observaciones de otros, sin embargo, Juan Pablo II nunca vio a la muchedumbre en general. El vio a la gente en particular. El vio caras e historias y todo lo que hace única a cada persona humana. El también vio a Cristo en cada persona. El vio la marca de Dios, quien creó al hombre a Su imagen, El que se hizo hombre para salvarlo, y destinó al hombre con El por la eternidad. Lo que Juan Pablo II vio era la dignidad humana innata en cada persona, y actuó de acuerdo a eso.

El papa trató de escuchar a otros, de escuchar su historia y verles a los ojos conforme se la narraban. El escogió tomar el tiempo, durante un día ocupado, de preguntar a las hermanas que limpiaban su apartamento por sus padres enfermos o sobrinas en caminos erróneos. Al pasar en una multitud, el escogió detenerse a bendecir a los pequeños o a conversar con el herido e inválido. Ninguna persona fue demasiado insignificante para no notarla porque cada individuo era una creación sagrada, creada por la mano de Dios para que le llevase a El en sus adentros.

Esa actitud moldeó los pequeños detalles de su vida – en tal forma como que el pudiese conocer a personas como yo, quien silenciosamente hice guardia a su alrededor. Moldeó las metas de su misión en tal forma como ayudar a hombres y mujeres entender la verdadera belleza y regalo de la sexualidad humana. Esa actitud que estuvo siempre presente, siempre evidente y palpable. Uno se sentía mas importante ante Juan Pablo II que en cualquier otro lugar. No porque fuese tan importante ni porque uno haya estado calentándose en el resplandor de su majestuosa misión. Era porque el daba importancia al individuo y le trataba con respeto. El veía la dignidad en donde nadie mas la notaba. Y gente como yo, como los gitanos, y aún como esos medio-locos dictadores del tercer mundo respondían a lo que el decía y hacia como a ningún otro. Lo que el decía y hacia era importante porque sabíamos que nosotros éramos importantes para el.

Amor

"Ahora, pues, son válidas la fe, la esperanza y el amor; las tres, pero la mayor de estas tres es el amor." (1 Corintios 13:13). Sobre todas, amor fue la fuerza mayor detrás de todas las acciones de Juan Pablo II. Amor, sin embargo, no quiere decir lo que la mayoría piensa. De hoy en día tendemos a familiarizar con al termino con sexo o lo usamos como un sinónimo de "gustar." Juan Pablo II entendió el amor en el sentido clásico, lo que Aristóteles definió como "el querer lo bueno para alguien, por su bien y no para el bien propio, y a sentirse inclinado, en cuanto sea posible a intentarlo para el." [20]

En otras palabras, como Juan Pablo II explicó en su libro Amor y Responsabilidad, el amor no se inicia con infatuación. El amor empieza cuando la infatuación termina. Es una opción, una acción en donde se hace algo puramente para el bien de otro, sin importar los propios intereses y objetivos. La medida de amor, el continuó, es el grado hasta el cual yo persigo su bienestar a través de mis acciones. [21]

Cuando se entiende en ese concepto, el amor se convierte en algo que puede dar forma a la comunidad humana, que puede unir a la gente en un deseo común de buscar el bien de otros. Amor, o la falta de el, moldea al mundo. Amor nos hace responsables por la condición del mundo. La forma que toma es la forma que le damos. Es el producto de lo bien o lo pobremente que hemos aceptado el mandamiento de Cristo de amar a Dios con todo nuestro corazón, mente y fuerza y de amar a otros como a nosotros mismos.

San Juan de la Cruz, un místico Español por quien Juan Pablo II tenia mucha devoción escribió: "al final de tu vida, tu serás juzgado por tu amor."

Reflexionando en eso, el papa comento que si nosotros verdaderamente creemos lo que San Juan escribió, nuestro deber es hacer ese mandamiento el centro de nuestra vida. Tiene que guiar e inspirar todo lo que hacemos.

Eso es exactamente lo que el amor hizo para el. La vida de Juan Pablo II no fue para el. Su vida fue amar a Dios y amar a otros. Juan Pablo II dio todo para hacer eso – su actuación, su profesionalismo, su libertad, su privacidad, su salud . El sacrifico todos sus propios deseos para el bien de billones de individuos. Aquellos quienes trabajaban con el en cualquier capacidad lo percibieron. Vimos amor en sus ojos cuando nos hablo. Lo leímos en cada encíclica que escribió y lo escuchamos en cada discurso que dio. Su amor siempre estaba ahí, dando vida a cada palabra y acción. Porque el amó, el siempre dijo la verdad. Porque el amó, el quería que todos conociesen a Cristo. Porque el amó, millones deseaban conocer a Cristo también.

Viva como un testigo

Juan Pablo II sabía la importancia de sus actos. Mismos que resultaron de su íntimo conocimiento de la persona humana, su respeto por la dignidad humana y por su decisión consciente de desear el bien de otros antes que el suyo propio. En pocas palabras, por amor. Eso fue en gran parte lo que le hizo un líder tan efectivo. Si traducimos esos principios en practica, eso es lo que puede ayudarnos a ser lideres efectivos. ¿Cómo lo hacemos?

Guiando con el ejemplo

El administrar por medio del ejemplo empieza con usted y en la forma en que conduce su propia vida. ¿Es usted honesto, prudente, responsable y trabajador? ¿Son iguales los reglamentos para usted que para sus empleados? ¿Se permite usted privilegios y premios que no son permitidos a otros? ¿Se mantiene alejado de negocios y practicas de naturaleza dudosa? Si una proposición de esta naturaleza se le presenta, ¿cómo responde? ¿La evita y la delega a otro? ¿Accede o se niega? ¿Escoge usted hacer lo que nunca se atrevería a pedir que se haga alguien a quien usted respeta como al papa o a su abuela?

La respuesta a las preguntas anteriores es muy importante. Sus empleados seguirán su ejemplo y eso a la vez fomentará la cultura en su empresa. Como el Administrador Ejecutivo de su empresa o el propietario, usted es la personificación de la empresa. Su respuesta a todas estas preguntas y demás determinarán la dirección moral que rija en su empresa.

Es también importante notar que las respuestas erróneas a las preguntas difíciles en la vida no son mitigadas porque fueron hechas con buenas intenciones. El permitir que el final justifique los medios es consecuencialismo – – y de una u otra forma, las consecuencias le guiarán hacia los problemas. El camino mas seguro será siempre el que fomentaron las buenas acciones. Usted estará mas seguro de tener éxito, cuando menos a la larga, si considera principios antes que utilidades.

Además, si la única forma en que su empresa puede sobrevivir es engañando y trabajando en negocios de naturaleza dudosa, es posible que sea mejor dejar que fracase. Un negocio no es una persona. Se le puede abandonar, especialmente si el hacerlo es la única forma en que resaltarán la verdad y dignidad humanas.

Apreciar a sus empleados

Su habilidad de administrar por medio del ejemplo también muestra cuanto aprecia a sus empleados. Se que la idea de apreciar a los empleados, el verles como amigos y no solamente como recursos humanos puede sonar un poco extraño al principio. Mas el aprecio a los empleados es lo que se requiere si usted desea vivir y administrar como un testigo.

Que quiere decir por "¿apreciar a sus empleados?"

Considere a su empresa como a un grupo de amistades, no como un negocio. Un negocio no es un agente moral. Una empresa no tiene alma. Entre mas vea a sus empleados como individuos con responsabilidades morales y un final divino, mayor es la posibilidad de que usted reconozca sus obligaciones éticas.

El Amar a sus colaboradores también requiere que usted recuerde lo que es amar. A Juan Pablo II gustaba citar a Aristóteles, pero para simplificarlo, yo menciono a los Italianos. Los Italianos no suelen decir "Te amo" ellos dicen ti voglio bene "deseo lo mejor para ti" o "deseo tu bienestar". Esto resume lo que es el amor. Desear el bien para la otra persona y ayudarle a obtener ese bienestar.

Cuando uno entiende el amor en ese sentido, esto hace que se sienta uno mismo como consejero en la carrera de un empleado o en su realización personal. Dios le ha confiado esta parte de la vida de esa persona para que le usted le ayude. Su meta deberá ser ayudarle a obtener excelencia en lo que hace. Esta es una forma de amar. El guiarle bien y sabiamente – dándole sugerencias constructivas, asignándoles responsabilidades que les permita usar los talentos que Dios les dio y retándoles a crecer en sus habilidades y conocimientos – usted les ayuda a sentirse realizados y a convertirse, cuando menos en un área, en la persona que Dios les creo para ser.

Para poder ayudarles usted necesita conocer bien a sus empleados. Imposible llegar cuando se les esta evaluando y dictarles lo que es mejor para ellos. Debe estar seguro de las capacidades y debilidades de ellos. Debe saber que les motiva.

Esto ni es fácil de hacer, ni es fácil de separar los intereses de usted y de la compañía de los intereses individuales de sus empleados. Sin embargo, cuando usted les percibe como un encargo divino, les dejará de ver como elementos para producir dinero y les verá como personas humanas con mente, cuerpo, alma y necesidades que trascienden las suyas. Esta perspectiva facilita el interactuar en tal forma que la dignidad de ellos nunca se ve comprometida. Su empresa será mas sólida y usted será un mejor líder.

Amando tanto a sus adversarios como a sus amigos
En el Evangelio de Mateo Jesús lo planteo muy claramente al decir que no podemos actuar con justicia únicamente con nuestros amigos mas necesitamos actuar honestamente y con justicia también con nuestros adversarios.

> "Pero yo les digo. Amen a sus enemigos y recen por sus perseguidores. Si ustedes aman solamente a quienes los aman ¿qué merito tiene? También los cobradores de impuestos lo hacen. "Y si saludan sólo a sus amigos, ¿qué tiene de especial? También los Paganos se comportan así."

La verdadera prueba de ejemplo por medio del liderazgo es cuando usted tiene que tratar con competidores o con empleados y colegas que van en contra de las ideas de usted. Su habilidad de ser justo con esos grupos dice mucho de usted y muestra a otros lo que se espera de ellos en cualquier situación que usted emprenda.

Así como en muchos otros aspectos de liderazgo, Juan Pablo II era un maestro en su trato con aquellos quienes eran, ni aliados de el ni de la Iglesia cuando menos al principio.

Durante el tiempo que yo serví en la Guardia Suiza, recibimos mucha gente a quien ustedes no querrían invitar a cenar en su casa. Uno de ellos fue el Dictador de Zaire, Mobutu Sese Seko.

Cuando el visitó al Vaticano en Marzo de 1987, algunos de los guardias se disgustaron. Seko era un individuo sin sentimientos, y era difícil comprender porqué Juan Pablo II lo recibió en una audiencia. Uno de los Oficiales con mas experiencia, sin embargo, nos explicó.

Primero nos recordó que éramos oficiales y no jueces. Explicó que aun un Dictador representa a su gente y que recibiendo a un Jefe de Estado era primero que todo un saludo a la nación. Preguntó si alguno de nosotros sabía lo que el Papa discutiría en la asamblea. No sabíamos. El nos preguntó lo que nosotros diríamos. Aquí tuvimos unas opiniones muy fuertes. "Entonces" el concluyó, "ustedes pueden asumir que el Papa se referirá a estos mismos asuntos, mas si no le recibe, nunca los discutiría." Fue el fin de la conversación.

Lo mismo sucedería en su empresa. Si usted no habla con empleados o competidores difíciles, no puede usted encontrar una idea común para iniciar una relación mejor, no aprenderá a sobrellevar la situación. Si usted no les trata con inteligencia, respeto y amor, el hablar con ellos no resultará en nada bueno ni para usted ni para ellos. Usted tiene que usar la justicia en todos sus negocios para tener éxito en el mercado. Buenas relaciones cuentan. Buena reputación es importante. Si usa buenos principios con todos en general, aun con esas que son un poco dudosas o difíciles, usted afectará la cultura del mercado en general.

∗∗∗

Acciones acertadas resultando del conocimiento, respeto y amor tienen el poder de no solamente hacer a su empresa mas exitosa, mas le ayudara a usted y a sus empleados a ser la clase de individuos para lo que Dios les creó. Estas acciones lo moldean y lo definen lo mismo que a la cultura de su empresa. Implementan el mejoramiento que ningún Departamento de Personal o folleto para empleados puede hacer. Palabras y pólizas no tienen valor a menos que se encarnen en acción.

Juan Pablo supo y vivió lo anterior. Por eso es que personalmente invitó a los gitanos en Roma. Mas que ninguna carta papal que hubiese escrito, aun mas que el hogar para desplazados que le pidió a Madre Teresa que abriese, el testimonio de su invitación personal a los gitanos, viéndoles y abrazándoles cambió la forma en que la gente Romana y del Vaticano les veía. El dio a los que lo observamos un recordatorio para la dignidad humana con la que nacemos. El modeló la forma en que todos debíamos de tratarles a ellos y a todos los demás en este planeta.

El hizo eso tan poderosamente en sus interacciones personales con sus colaboradores, con la gente que conoció en sus viajes alrededor del mundo y con algunos de los enemigos mas grandes de la iglesia y de la humanidad. Nos enseñó con sus acciones sabias, respetuosas y amorosas como debemos tratar a otros. Porque fue una lección que aprendimos por su ejemplo y no por su prédica, aprendimos a vivirla en nuestra propia vida.

Oración para ser inspirados a actuar correctamente

Espíritu Santo, respira en mí para que mis pensamientos sean santos.

Actúa en mí Espíritu Santo para que mi trabajo también sea santo

Espíritu Santo, haz que mi corazón ame solamente lo que es santo

Dame fuerza, Espíritu Santo, para defender todo lo que es santo

Resguárdame, Espíritu Santo, que sea yo siempre santo. Amén

-San Agustín

Preguntas para reflexión

1. Describa una situación en donde una acción de otro tuvo una consecuencia seria en usted. ¿cual fué la consecuencia? ¿En que forma fue buena? ¿en que forma fue mala? Si la persona hubiese actuado de otra forma, en que forma hubiesen sido diferentes las consecuencias?

2. Conocimiento, respeto y amor motivaron las acciones de Juan Pablo II. Que otras actitudes buenas o malas pueden motivar las acciones de una persona? Piense en sus acciones en los días pasados. ¿Cuáles son algunas de las actitudes que han motivado sus acciones? ¿Qué desea usted que le motive? Escriba sus respuestas en una tarjeta y póngala en donde la pueda ver todo el día.

3. ¿Generalmente como piensa usted de su equipo o empleados? ¿Qué tan bien les conoce? ¿Qué motiva su interacción con ellos? En otras palabras, ¿qué le hace felíz de ellos? ¿Qué es un buen paso a seguir para el desarrollo profesional de cada uno de ellos? Mencione tres cosas que usted puede ejecutar para realizar esos pasos.

Capítulo Ocho

Viva una vida balanceada:
Todo en moderación

Hay bajo el sol un momento para todo, y un tiempo para hacer cada cosa.

Eclesiastés 3:1

"A todo hombre y a toda mujer se les ha confiado con la taréa de edificar su propia vida, en cierto sentido, ellos deben hacerlo como un trabajo artístico, una obra maestra" .

—San Juan Pablo II

Siempre que escucho rumores en los periódicos que el Cardenal tal esta emulando el trono de Pedro, sacudo la cabeza y me río. No hay algún Cardenal que desee ser papa. Ellos saben muy bien lo que va en eso, las demandas de el puesto. El trabajo no tiene fin, las responsabilidades demoledoras. No tiene fin excepto con la muerte.

También esta la soledad que llega con ser papa. Cuando alguien es elegido al papado, tiene que abandonar su vida regular. Renuncia a todo, aun a su propio nombre. El nuevo nombre que toma cuando asciende a la Silla de Pedro simboliza una nueva identidad que se esta asumiendo. La persona antigua ya no existe. La nueva vive de acuerdo a las demandas de la Iglesia y las expectativas del protocolo del Vaticano.

Juan Pablo II, sin embargo, no acepto completamente dentro de esa forma de pensar, el la combatió. El no deseaba dejar de disfrutar la vida porque ahora era papa. No quiso desligarse de mucho de lo que el amaba. De ahí que entre las demandas y expectativas del Vaticano logro separar un espacio para el para encontrar paz y recreación y alegría que el sabía eran esenciales en una vida ordenada. Los deportes ocuparon una gran porción de ese espacio.

A través de su vida, Juan Pablo II fue un deportista ávido. Le gustaba esquiar, escalar, remar, nadar – cualquier deporte que fuese al aire abierto. Como Sacerdote, Profesor y aun Obispo, el llevó a sus estudiantes y amigos en viajes para ir a acampar. Esa era su idea de una vacación – una semana en el campo. Todas esas actividades dejaron una marca en el. Recuerdo la primera vez que le vi en ropas de civil en vez de su sotana. Me di cuenta entonces de lo fuerte y viril que el era. Las sotanas esconden demasiado.

Actividades físicas fueron una gran parte de la vida de Juan Pablo II. No iba a renunciar a ello siento papa. El sabia que necesitaba todo es para poder tener la energía que su posición demandaba. Asimismo algunos en el Vaticano se horrorizaban cuando corría por los jardines del Vaticano o cuando se escapaba con su asistente entonces Monseñor, ahora Cardenal Stanislaw Dziwisz para ir a esquiar. También causó el escándalo de algunos cuando ordeno que se construyera una piscina en la residencia papal. Cuando algunos cuestionaron el costo de la misma el contestó "Es mas barato que otro cónclave."

Mas tarde cuando la piscina se había terminado, noto que el era el único que la usaba. El invitó al personal y a los Guardias Suizos que hicieran uso de ella. Cuando uno de sus consejeros sugirió que esto sería un obstáculo en el horario del papa, Juan Pablo contestó que habiendo vivido con estudiantes de universidad por tantos años pensaba que el podría defenderse por si mismo.

Otro de los grandes amores del papa fue la música. Para poder continuar disfrutando de ellas, empezó a invitar a actores a que le visitasen. El también inició la serie de conciertos de Navidad del Vaticano, la cual atrajo artistas de todo el mundo para así obtener dinero para propósitos caritativos. No importaba quien estaba actuando, Juan Pablo hizo hincapié de saludar a los artistas personalmente.

El papa luchó al igual para mantener sus amistades y relaciones. Uno de sus mas grandes gustos como sacerdote y obispo siempre había sido trabajar de cerca con sus estudiantes, así que una vez papa inició una escuela de varios cursos de verano en Castel Gandolfo. Cada año, invitaba a escolares a estas pequeñas conferencias, y el papa personalmente dirigía las discusiones.

También hizo todo lo posible por recibir a sus amigos y compañeros del pasado cuando visitaban Roma. Especialmente a sus compañeros de Wadowice, la aldea en donde el creció. Cuando llegaba el tiempo de sus reuniones, le enviaban la invitación con pocas esperanzas de que el asistiese. Juan Pablo sin embargo los sorprendía. No yendo a Polonia, el sabia que seria muy difícil arreglar eso – mas ofreciendo su propio comedor en el Vaticano para tener la reunión.

Con todos esos detalles, Juan Pablo me enseñó que el sabía lo que muchos de nosotros no sabemos: Verdadero éxito no puede existir sin balance. Como un corredor que necesita ambas piernas para poder alcanzar la meta, todos necesitamos poner atención a nuestro trabajo y vida personal si deseamos llegar a nuestra meta. Necesitamos encontrar balance entre trabajo y distracción, metas trimestrales y tiempo para pasar con amistades y familia. Necesitamos relajarnos, cultivar intereses y pasiones fuera de la oficina. Si no hacemos, algo dentro de nosotros se marchita y muere. Podemos hacer millones mas sin balance, seremos un fracaso.

Demasiadas obligaciones y no distracción

Durante mi tiempo en el Vaticano observe como Juan Pablo II balanceaba las demandas de su papado con la gente y actividades que el disfrutaba mas. Lo observe y lo admiré. Mas cuando me retire de la Guardia, no hice un buen trabajo en imitarle. Casi por quince años me enfoque en trabajo excluyendo casi todo lo demás. Entre mas responsabilidad me fue dada en el trabajo, mas descuidaba yo mi vida personal e intereses. Cumpleaños entre familia pasaron, aniversarios, vacaciones, días festivos… lo di todo por el trabajo. Lentamente empecé a decaer.

Perdí mi energía y mi entusiasmo. Olvidé la razón por la cual estaba yo luchando. Empecé a perder a mis amistades y contacto con gente que en realidad me interesaba. Para el tiempo en donde la alfombra debajo de mí fue arrancada en el año 2000, se me había olvidado como distraerme. Me sentía muy solo.

Robando de Pedro para pagarle a Pablo
Sin embargo, yo todavía estaba dentro de los afortunados. Todavía tenía a mi esposa, esto es un destino común entre ese círculo del mundo de los negocios. No hace mucho tiempo asistí a una conferencia en donde uno de los oradores era un profesor de (y graduado) La Escuela de Comercio en Harvard. Durante su discurso, se lamentó de cómo en cada reunión de su generación mas y mas de sus antiguos compañeros están divorciados. También explicó como cada año el reta a sus estudiantes con tres preguntas que tendrán que contestar al entrar al mundo de los negocios.: (1) ¿Cómo puedo estar seguro de que seré feliz en mi carrera? (2) ¿Cómo puedo asegurar que mis relaciones sean una fuente de felicidad fácil de obtener? (3) ¿Cómo puedo estar siempre libre de ser encarcelado?

Ese profesor sabe los que sus estudiantes aun no saben. El contestar esas preguntas no es tan fácil como ellos piensan que es. Requieren todo lo hemos discutido hasta ahora. Un entendimiento de la vocación, oración, ética, el uso correcto de libre voluntad, enfoque hacia el futuro y al momento, un buen conocimiento del equipo que trabaja para usted y la habilidad de actuar con justicia. También requiere tener la fuerza de salir de la oficina, problemas y fechas de vencimiento para disfrutar de todo lo que la vida tiene que ofrecer. Esto es muy difícil. El obtener un buen balance es muy difícil. De vez en cuando nos encontramos a individuos quienes invierten demasiado tiempo en asuntos personales y las obligaciones del trabajo quedan al final. Amistades, intereses personales, vida de oración. Todo esto queda sacrificado en la mesa de utilidades a corto plazo.

La verdad de las cosas es que no se puede robar de Pedro para pagar a Pablo. Entre mas infeliz se sea en el hogar, menos efectivo se es en el trabajo. De igual forma, entre menos se descanse en la noche y los fines de semana, menos eficiente será usted entre semana. La inhabilidad de encontrar balance en la vida le cuesta a usted tanto profesional como personalmente. Es como el corredor que mencionamos antes. El puede tratar de saltar hasta la meta si desea, mas no va a ganar la carrera de esa forma. La única forma de ganar es correr con ambas piernas. Eso es lo que es balance. De ahí que…. ¿Cómo encuentra usted ese balance?

Viviendo el balance cada día

Todo en moderación

Usted lo ha escuchado antes y es verdad. Todo en moderación. Es la primera respuesta para vivir una vida balanceada. Cuando se aplica al trabajo y a su vida personal significa casi la misma cosa como cuando es aplicada a una dieta. Considere alimentarse con moderación. Debería usted de comer zanahorias o galletas? Ninguno de los dos es mutuamente exclusivo. A la larga, la mayoría de la gente no puede comer solamente una de estas cosas. Se necesitan ambas, zanahorias y galletas en una dieta balanceada. Se necesitan ambas en el trabajo y en la vida personal para ser la persona papa lo que Dios le creó. Ambos se complementan cada una alimentando y enriqueciendo la una a la otra.

Juan Pablo comprendió eso. Tal es la razón por la que el a diario hizo tiempo para los esenciales – oración, descanso, hora de comer, trabajo y ejercicio. El nunca esquivó ninguna de estas actividades. Su semana y su mes siempre incluyeron tiempo para recreación – lectura, escuchar música y contacto con amistades. Por eso anualmente siempre hubo vacaciones – extensos periodos de relajamiento en donde el podía hacer lo que le gustaba mas, con aquellos a quienes se sentía cercano. Juan Pablo II sabía que solamente haciendo tiempo para todo en su horario el podría cumplir con las expectativas de el como papa y lo hizo bien.

En el siglo sexto, San Benito dijo algo similar cuando preparaba los reglamentos para sus monjes. "Dejemos que todo se haga en moderación" [22] escribió. De acuerdo a Benito, a todo se le debe dar su tiempo, mas no mas de su tiempo. Debería haber un poco de todo mas no demasiado de nada. El se enfocaba en el balance entre trabajo y oración que el deseaba ayudar a encontrar en la vida de hombres religiosos. Estaba cierto que el balance era imperativo porque el uno apoyaba e iluminaba al otro. Decía que se necesitaba la oración para comprender porqué trabajamos, así nuestro trabajo nos ayuda a obtener el orden y armonía que alimenta nuestra vida de oración. Al mismo tiempo el aseguraba que los monjes necesitaban aprender a orar con la misma determinación que al trabajar, reconociendo que perfección siempre requiere práctica.

Benito tenía opiniones fuertes acerca de todo lo que comprendía la vida de un monje. Comer, beber, dormir, relajamiento, hospitalidad. Sus reglamentos abarcaban todo esto. Cada una de esas actividades era importante para una vida organizada, tan pronto fuesen disfrutadas con moderación. El sumergirse en una de ellas a costo de las otras era problemático.

La visión de Benito es efectiva también con ejecutivos en el siglo veintiuno como lo fue para los monjes en el siglo sexto. Para tener éxito usted necesita considerar su trabajo y su vida personal como dos lados de la misma moneda, ambas apoyándose sin ser realidades mutuamente exclusivas. También necesita asegurarse de separar tiempo para todo lo que incluye una vida saludable, feliz y productiva, considerando todas las actividades esenciales para tener salud: comer, dormir y hacer ejercicio – tanto como las actividades necesarias para una alma saludable – tiempo con familia y amistades, orando, leyendo y una película o juego de pelota ocasional.

Cuando se aproxima a la vida con la actitud de "todo con moderación," usted evita la ansiedad que se crea con el sentir que usted nunca podrá hacer aquello que le gusta. También evitara sobrepasarse en algo que no hace muy a menudo. No duerme demasiado los fines de semana, porque duerme suficiente durante la semana. No se sobrepasa en la cena porque comió un buen desayuno y almuerzo. Usted no se queda a trabajar tarde en la oficina cada noche, porque sabe que regresará mañana y el proyecto en que trabaja no va a ir a ningún otro lugar.

Simplemente ese método de "todo con moderación" le fuerza a detenerse de los asuntos urgentes de cada momento y obtener una mirada fugaz de la vida. Le ayuda distinguir entre lo importante y lo urgente, a reconocer la prioridad de este momento y lo que se puede dejar para mas tarde. Es una actitud que fomenta pánico y le da entusiasmo para enfrentarse a los problemas, no huirles. También le ayuda a vivir el momento.

Momentos de alegría

Cuando el futuro de otras gentes depende de uno, es fácil pasar demasiado tiempo enfocado en el futuro. Esto es natural mas no siempre útil. Muchos de los ejecutivos que conozco, incluyéndome a mi pasamos tanto tiempo preocupados en el futuro que no siempre podemos disfrutar el presente. Pasamos por alto lo que Dios nos ofrece en este momento - momentos fugaces de felicidad y paz – porque estamos preocupados por situaciones que no nos han sido reveladas todavía. Estamos, en un sentido bíblico, lidiando con problemas del mañana.

Juan Pablo II no vivió en esa forma. El no paso tanto tiempo preocupándose del mañana que haya olvidado disfrutar del ahora. De cierto el no esperó a terminar los pendientes en su lista para relajarse y hacer lo que le gustaba. Ejecutó conforme avanzaba y en esta forma encontró la gracia, la sabiduría y la energía necesarios para enfrentarse a los verdaderos problemas que el futuro aguardaba para el.

Se esta forma el imitaba a Dios Padre. Dios regocija. Jesús nos dice, cuando una oveja perdida, el hijo prodigo, una moneda preciosa son encontrados. El no espera hasta que las ovejas regresan a casa, o todos los problemas del mundo están resueltos. Dios en efecto, no piensa acerca del futuro en absoluto. La razón es que para Dios no hay futuro. No hay pasado. El existe en eternidad, fuera del tiempo. El vive y se regocija en el ahora eterno. El nos invita a regocijarnos con el, en el ahora eterno.

Esto no quiere decir que Dios esta yendo con la corriente y no atendiendo a ningún plan. Si alguien sabe como planear es Dios. El es el primer maestro de planeación. *Ahora* es parte del plan.

Para nosotros es la única porción del plan en la que podemos tener opinión. No podemos cambiar el pasado ni podemos controlar el futuro. Todo lo que podemos hacer es trabajar en los retos y gracias presentes.

En su libro *"The Screwtape Letters"* C. S. Lewis dio una explicación excelente de la síntesis de esta idea. Ahí el narrador del libro, el demonio Screwtape explica a un demonio menor, Wormwood la siguiente verdad acerca de Dios y el hombre:

> De ahí que El, según creo, desea que ellos pongan atención a dos cosas, eternidad y a la época que nombran Presente. El Presente es cuando el tiempo toca a la eternidad… Gratitud mira hacia el Pasado y ama al Presente; miedo, avaricia, deseo y ambición ven mas allá… El no desea que el hombre de al futuro sus corazones, colocar su tesoro en el.[23]

"El Presente es cuando el tiempo toca a la eternidad." Vale la pena repetir esta línea. Lo que Lewis dice esencialmente es que es en el momento presente es cuando Dios le pide que esté con El, amándole, regocijando con El. Todos esos momentos tranquilos y apacibles que se tienen cada día y siempre-- nieve fresca al caer, leyendo en la cama con sus hijos, disfrutando el calor de la chimenea con su cónyuge o comiendo nieve en un día caliente y húmedo . . . El nos invita a hacer todo esto. Si nos lo perdemos, le pasamos de largo a El.[23]

Es otra razón de porqué es tan importante el cultivar una vida de oración diaria . Entre mas aprenda a escuchar la voz de Dios, mas claro usted entenderá todas esas invitaciones por lo que son y estará mas listo para aceptarlas. Entre mas acepte los momentos de gracia que Dios le ofrece, menos susceptible es usted a la ansiedad, inseguridad y todas las otras acechanzas que le pueden esclavizar. Entre mas disfrute de la paz del momento, mas libre será.

Dando gracias

Gratitud y felicidad van de la mano. Entre mas agradecido sea, mas disfrutara su experiencia. Al igual, mientras mas agradezca lo que tiene, menos dejará de disfrutar esos regalos. Entre mas aprecie su vida, menos la pasará de lleno en la oficina. Como otras cosas, sin embargo, la gratitud requiere practica. La voluntad tiene que ser entrenada a escoger y actuar con justicia, el alma se entrena a ser agradecida. Requiere que trabajemos en ello. Que nos enfoquemos en algunos puntos.

Primero, una vida activa en oración. Tiene que reconocer a quien esta agradecido. A quien dar gracias. Segundo, requiere humildad. En el gran esquema, tenemos que aceptar nuestra pequeñez e incapacidad. Aceptar que aun lo que hemos obtenido es el trabajo de Dios, quien en primera nos dio la habilidad y virtudes. Se tiene que reconocer que aun los problemas y pesares son también regalos de Dios. Dios lo ha permitido porque en su forma y conocimiento amoroso El sabe que ayudaran a obtener felicidad verdadera que perdurará.

Cuando todo esto se ha reconocido, haga un habito diario de dar gracias por todas las bendiciones que Dios le ha dado. Una forma de hacerlo es iniciar el día con un Acto de Gracias, después de comulgar o al final del día. Yo en lo particular encuentro útil el hacer una lista de bendiciones, nada complicado. Algunas veces es una lista breve de palabras en un cuaderno. Otras veces me enfoco en cierta área de mi vida – trabajo, hogar, etc. O en una persona específicamente – un jefe o empleado. Al sentarme con una pluma y papel retándome a mi mismo a recordar veinte o treinta cosas por las que estoy agradecido. Me he entrenado a reconocer que agraciado soy. Al escribir veinte o treinta bendiciones de Dios, es difícil permanecer negativo acerca de alguien o algo.

Esto también dificulta el que uno se deje vencer por ansiedad sobre el futuro. Entre mas agradezca, mas reconocerá que usted no domina el universo. No se puede controlar al futuro. No importa que sacrifique y cuanto se esfuerce, no podrá controlar el resultado de ese trabajo y sacrificio. Esta verdad es muy libertadora. Nos hace enfocarnos en lo que podemos controlar y nos permite entregar el futuro con todas sus ansiedades a Dios. Hacer lo que se pueda, entonces ir a casa a disfrutar con nuestros hijos dejando el resto a Dios.

Si usted no reconoce que un Dios todo-poderoso, todo-amante y todo-misericordioso es el que ultimadamente dispone todo, no habrá forma de encontrar balance. No habrá forma de dejar la oficina y tener tiempo para orar y jugar. Usted esta muy envuelto en tratar de salvar al mundo o a la empresa por su propio esfuerzo. Mas cuando acepta que El esta ahí, cuando acepta que hay alguien mucho mas sabio y capaz, alguien en quien puede confiar, usted puede relajarse. Puede encontrar balance. Usted puede llegar a la meta.[24]

***

De todas las lecciones que aprendí de Juan Pablo II, el disfrutar la vida y encontrar balance ha sido la mas difícil. Requiere mucho planeamiento y enfoque. También, en mi caso, requiere una visita anual a un circo. Eso también es algo que aprendí de el.

En 1982, antes de que yo llegase al Vaticano, el Circo de la Grandiosa Moscú estaba en una visita de cuatro meses en Italia cuando recibieron una invitación inesperada: Su Santidad, Juan Pablo II, deseaba que el circo diese una función en La Plaza de San Pedro. Esta invitación sorprendió a varios niveles.

Primero, recientemente Juan Pablo había sufrido un atentado a su vida con una bala. Su período de convalecencia era lento y largo. Las audiencias Papales se habían pospuesto indefinidamente, dependiendo de su recuperación.

Segundo, este era el Circo de la Grandiosa Moscú, el orgullo de la Unión Soviética – la ateísta, comunista Unión Soviética. Ninguna delegación Soviética había puesto pie en el Vaticano antes. Sin importar si el gobierno les concedería permiso de actuar o no, la solicitud era inaudita.

Después de todo era el Papa el que lo solicitaba, el hombre a cargo de guiar a cientos de millones de almas. ¡Seguro que el tenía pendientes mas importantes que ver a osos danzar en la Plaza de San Pedro!

Juan Pablo, obviamente, veía todo con una perspectiva diferente. El sabía que no solamente riendo y disfrutando, o teniendo negociaciones diplomáticas o reuniones cumbre se podían establecer relaciones amistosas. El sabía que necesitaba relajamiento y regocijo. Los necesitaba para ser un buen Papa. El podía realizar su trabajo con eficacia balanceando bien su trabajo y su distracción.

Así que Juan Pablo II había invitado al circo al Vaticano. Cuando la respuesta se tardó en venir, el envió a un emisario a la Embajada Soviética haciendo hincapié que el en lo personal deseaba ver al circo actuar. Cuando los oficiales del Vaticano protestaron acerca de los posibles peligros de verdaderos animales actuar enfrente del papa, el hizo a un lado todos los protocolos que evitasen la visita del circo. También acordó que no habría mención de política o guerra en la audiencia (poco después la Unión Soviética invadió Afganistán). Esto era, el prometió a los Soviéticos, un evento para celebrar vida y amistad entre gentes, nada mas.

Mas de cincuenta mil gentes asistieron al circo en la Plaza de San Pedro ese día de Marzo. Fue la primera audiencia desde el atentado. Mas ni una palabra acerca de política fue emitida.

El papa también excusó a los actores el dilema de cómo saludarle (haciendo una reverencia y besando el anillo era algo que los ateos Soviéticos no harían) el saludó a cada actor con brazos abiertos. No estaba tratando de hacer ninguna expresión política ese día. Estaba tratando, como el resto de los espectadores, de divertirse, riendo de Mashka el oso bailarín, maravillado de los acróbatas, aplaudiendo a los caballos amaestrados.

Fue un día alegre en el Vaticano. Un gran día, no a pesar de que, el papa había tomado tiempo para reír y divertirse. Esa fue la razón.

La nueva lista de "pendientes"

1. Mencione quienes son cinco o diez personas mas importantes en su vida. (Si tiene usted hijos, querrá aumentar el número por la cantidad de hijos que tiene.) Pregúntese que pequeñez puede hacer para darles felicidad cada día o semana. Entonces, dentro de los próximos treinta días hágalo.

2. Empiece a guardar una lista personal de las pequeñas maravillas de Dios, mensajes cortos que El le da cada día. Piense en ello como una lista de gratitud. Revísela a diario y regocije mientras da gracias.

3. Piense en las actividades que mas le agradan. Escoja cuatro, haga espacio en su calendario para efectuar cada una dentro de los siguientes treinta días.

4. Use su término de vacaciones cada año. Sin excusas.

5. Haga del Domingo verdaderamente un día de descanso. Esto significa trabajo "sin ganancia". Sino vaya a la iglesia, y gaste el resto del día con familia o amistades. Pruebe el concepto de encontrar formas de "desperdiciar el tiempo" a propósito con ellos. ("Desperdiciar" quiere decir desde un punto de vista puramente productivo). Siéntese a contemplar la puesta del sol, juegue con la arena en la playa, siéntense y disfruten juntos, traten de crear un juego unos con otros.

Preguntas para reflexionar

1. ¿Qué tan bueno es usted para "cuidarse." Ej. comiendo, durmiendo y haciendo ejercicio regularmente? ¿Cuál de éstos hace a un lado de inmediato cuando hay una emergencia? A la larga ¿Ayuda esto a su objetivo final?

2. Cuándo fue la ultima vacación que tomo? ¿Trabajó durante sus vacaciones? ¿Leyó su correo electrónico y contestó su celular? Si la respuesta es no, ¿cuáles fueron los beneficios de

eso? Si la respuesta es sí, ¿cómo fue afectada su vacación? Al final, ¿valió la pena?

3. Mire hacia el futuro – treinta, cuarenta, cincuenta años , ya se retiró. ¿Cómo quiere que se vea su vida entonces? ¿Cómo desea que se le recuerde? ¿Con quien desea estar? ¿En que forma le esta dirigiendo ahí la vida que esta viviendo? Las decisiones que esta haciendo ahora ¿le están acercando o alejando de esa meta?

Capítulo Nueve
Aprenda a vivir desligado:
Pobreza y humildad intencionales

Felices los que tienen el espíritu del pobre porque de ellos es el reino de los cielos.

Mateo 5:3

"En la vejez, ¿como debe uno de enfrentarse la inevitable llegada a los últimos año de vida? El creyente sabe que su vida esta en las manos de Dios... y el acepta de Dios la necesidad de morir... El hombre ni crea vida ni crea la muerte. En la vida y en la muerte el tiene que entregarse completamente a "La voluntad del altísimo, a Su plan amoroso."
—San Juan Pablo II

C uando dejé a Juan Pablo II en 1988, el parecía en la cima de su fuerza física – activo, fuerte y lleno de vida. Se veía un líder en su totalidad y tenía una energía sin límites. Mas las apariencias engañan. Aun entonces complicaciones por la bala del asaltante lentamente estaban robándole su vigor y fuerza. Casi como esa bala estuviese rebotando dentro de su cuerpo, hiriéndole una y otra vez. Ninguno de nosotros sabíamos esto. Juan Pablo aguantó su dolor en silencio y su sufrimiento permanecía invisible por algún tiempo.

Eso sin embargo podía durar un corto tiempo. A través de los 1990s, la vejez vino rápidamente para el papa quien alguna vez pareció tan joven. Para el 2000, sus enfermedades fueron dolorosamente aparentes. Cada día que pasaba el se debilitaba mas. Primero, era el temblor de su mano. Entonces tuvo problema en controlar los músculos de su cuello. Lentamente se

Epígrafe. Encíclica sobre el valor, la dignidad y la inviolabilidad de la vida humana; Evangelium Vitae (25 de marzo de 1995), página 46.

enjorobó más y más, la respiración se empezó a dificultar más y más. Eventualmente la mas simple de las tareas – el hablar y tragar requerían un esfuerzo considerable.

No había nada de extraordinario en esto. El papa tenia el mal de Parkinson's. Pasaba por lo todo lo que aquellos que sufren de esa enfermedad tienen que sufrir. Y algo mas de lo que millones de ancianos, algunos muy enfermos, sufren comúnmente.

Mas estos millones no eran el papa. No eran líderes poderosos de instituciones mundiales. Su sufrimiento no era exhibido a diario para que todo el mundo les viese.

No quiero decir que grandes líderes no hayan sufrido antes, mas ninguno lo ha hecho tan publico. FDR paso el término entero de su presidencia paralítico de la cintura para abajo. Sin embargo, el lo guardaba del público no permitiendo fotos o películas de la parte inferior de su cuerpo. Lo mismo que José Stalin, quien era un hombre muy pequeño con la mano derecha muy corta. El insistía ser fotografiado y pintado de tal forma que apareciese masivo y entero. Cuando menos cuatro artistas que no le comprendieron fueron fusilados.

La diferencia entre Juan Pablo y otros líderes era que el nunca trato de esconder su sufrimiento. No le avergonzaba. No pensó que le hacia menos hombre o líder. Su sufrimiento tenia significado. Pensó que tenía valor. Deseaba compartirlo con el mundo. El deseaba recordarnos que el envejecimiento y la enfermedad son parte de la naturaleza humana, y que el dolor, cuando se acepta, viene a ser una fuente de gracia casi ilimitada.

Con el resto del mundo yo observé el lento decaimiento por televisión y en los periódicos. También lo escuché de mis conocidos en el Vaticano. Cuando se acercaba el final sentado silenciosamente en la ventana de su estudio mirando hacia la Plaza de San Pedro, mientras que las multitudes lo aclamaban, todos los que lo observamos, incluyéndome a mi, entendimos lo que el estaba tratando de decirnos. Comprendimos ahí mismo, sino lo habíamos entendido antes, que la dignidad de una persona no viene de lo que ellos han realizado o lo que tienen. No es acerca de habilidades, regalos, talentos, posesiones, salud o belleza. Es simplemente acerca de ser humanos. Por el solo hecho de existir, somos importantes.

Tomo una gran valentía enseñar al mundo esa lección como Juan Pablo la enseñó. También necesitó un espíritu de desenlace. El poder predicar de la dignidad humana en medio del sufrimiento, y vestirlo al abierto. Juan Pablo tuvo que hacer a un lado por completo toda la vanidad humana. Tuvo que abrazar su insignificancia, su dependencia en Dios. Su habilidad de hacer eso no fue un esfuerzo del momento. Fue el esfuerzo de toda una vida – una vida de hacer a un lado el orgullo y posesiones.

Día tras día Juan Pablo practico la humildad y pobreza intencionales. Fue capaz de ser la clase de líder que Dios le llamo a ser en esos años finales, el líder que vistió las mismas cosas que se esforzó tanto en realizar.

Desligándose del orgullo

San Agustín escribió alguna vez "Si me preguntasen '¿que es lo primero de una vida virtuosa?' debo de contestar, lo primero, segundo y tercero es -- humildad."[25]

Lo opuesto a lo que San Agustín dijo es también verdad. En la raíz del vicio esta lo opuesto de humildad: orgullo.

El orgullo, después de todo, fue el pecado original del hombre. Adán y Eva deseaban ser como dioses. Deseaban ser su propio dios. Ni confiaban ni obedecían, a nuestro gran costo.

Hacemos un buen papel en imitar a Adán y a Eva. En mi propia vida el orgullo ha sido la fuente de tantas luchas que he experimentado, incluyendo la caída de varias empresas. Pensamos que nosotros éramos la razón del éxito. Aceptamos todo el crédito cuando las cosas iban bien. Empezamos a creer nada mas en nosotros. Ignoramos el consejo de otros y nos hicimos demasiado egocéntricos, Permitimos que nuestro propio egoísmo nos cegara a la verdad de la situación, de nuestras debilidades y nuestra dependencia de la gracia de Dios para todo. De ahí que como Adán y Eva, también caímos.

El orgullo es engañoso porque se traga la verdad de quienes somos – criaturas dependientes de un Creador. Este pecado va en el corazón de nuestra identidad humana, de ahí que puede ser encontrado en cada realización humana. El orgullo puede destruir matrimonios, amistades, empresas y profesiones. Debido al orgullo imperios han decaído. Insistimos en que estamos correctos sin importar cuan equivocados estamos. Ignoramos consejos sabios , nos rehusamos a pedir ayuda y mentimos acerca de nuestras debilidades. El orgullo nos ciega a los regalos que otras gentes son y tienen.

La humildad es lo opuesto del orgullo. No necesariamente quiere decir que piensa uno mal de si mismo. Significa que pensamos bien de nosotros mismos. O sea como "El Ejecutivo de Un Minuto" Kenneth Blanchard alguna vez escribió:, "Gente con humildad no piensan que son menos. Ellos piensan menos en ellos mismos."[26]

Rechazar al orgullo y abrazar a la humildad es comprender quien es usted y quien le creó. Es el cultivar ambos, dependencia en Dios y un espíritu de obediencia a Su voluntad. Es también ver sus deseos como secundarios y las necesidades de otros como primarios.

A Juan Pablo II la virtud de humildad parecía ser tan natural como el aire que el respiraba. Quizá no fue siempre así. Debió haber habido ocasiones en que el tuvo que luchar con su voluntad. Como un joven sirviendo para el, nunca noté esto. El siempre estaba mas interesado en otros que en sí mismo. Como nuestra conversación de aquella noche Navideña en 1986 cuando notó mis ojos llorosos.

Humildad es también lo que le dio a Juan Pablo II el valor de vivir su enfermedad frente a las cámaras de televisión. Estaba débil y sufría. ¿Porqué esconderlo? Dios lo sabía y lo permitía. Esconder lo que Dios permite, la voluntad de Dios, sería un acto de desobediencia producto de un espíritu de orgullo para hacerse ver mas fuerte y mejor de lo que el en realidad sentía.

Humildad es lo que impulsó a Juan Pablo II hacer las cosas que hizo, perdonar a su posible asesino, Ali Agca. Saludar al dictador comunista de Polonia, General Wojciech Jaruzelski con la amabilidad con la que saludó al primer presidente electo, Lech Walesa.

El papa no visitó a Agca en la prisión, mucho menos anunció públicamente su libertad. Tampoco tuvo que tratar con respeto a Jaruzelski, el hombre responsable por tanta pobreza, sufrimiento y muerte en su amada patria. Juan Pablo pudo haber dicho una palabra y Agca nunca hubiese visto la luz del día otra vez. Con un dedo que el hubiese levantado Polonia hubiese tenido una rebelión armada. Nada de eso escogió. La razón fue su humildad. Juan Pablo no guardó rencor o resentimiento. No permitió a su orgullo controlar su juicio, mismo que le dicto que el perdón, respeto y paz ultimamente traerían mas fruto que ningún acto de venganza o rebelión.

Porque Juan Pablo II no se consideró grandioso, el llego a ser poderoso. Hizo decisiones basadas en sabiduría. Conocía bien su fuerza y debilidades. Siempre tuvo la ayuda que necesito de Dios y de otros.

Pasar por alto algunas cosas

Para ser un gran líder en su empresa o mercado necesita pasar por alto algunas cosas. Sus decisiones tienen un impacto profundo en otros, y usted tiene que estar seguro que su ego no esta decidiendo. No puede usted simplemente seguir sus propios instintos y deseos y debe de enfrentarse a sus propias flaquezas. Permita que sean transparentes y pida ayuda. Ningún hombre es superhombre. Incluyendo a Juan Pablo II. Todos necesitamos ayuda y gracia, estar dispuestos de ir a Dios y a otros a conseguirla.

También debemos dar otra oportunidad a la gente. Todos cometemos errores, errores significantes. Yo descubrí que despedir a un empleado porque cometió un error es erróneo. Es una decisión basada en orgullo. Con el tiempo repercuten. La persona que reemplace a este empleado podría cometer el mismo error. No hay garantía que el que reemplaza nunca cometerá errores, y hay una buena posibilidad de que la persona a quien usted perdonó aprendió su lección y no vuelva a cometer el mismo error y aumente su lealtad hacia usted y la empresa.

No que nunca pueda despedir a un empleado. Si alguien honestamente no puede desempeñar su trabajo, desplazándoles es el acto mas piadoso. Les libera para que puedan ir a hacer lo que Dios les creo a hacer. Tampoco quiere decir que usted no puede poner empleados en plan de prueba o pedirles que alcancen metas difíciles. El ser un líder humilde no es tomarse de la mano con los empleados y cantar el "Kumbaya." Es el que usted tenga el valor de perdonar y tratar a sus empleados como iguales, que usted admita que esta erróneo y que necesita la mejor ayuda posible.

Se que el descartar al orgullo y abrazar la humildad puede aterrorizarnos al principio. Requiere que uno se haga vulnerable y que hagamos el control a un lado. En el mundo de los negocios en donde la mayoría de la gente se ha puesto una cubierta profesional muy gruesa para cubrir señales de debilidad, el practicar humildad puede sentirse contraproducente. Mas es el único camino de llegar a ser un gran verdadero líder.

Si duda, tome esto en consideración: ¿Quién, además de Kim Jong-II piensa que José Stalin era mas grande que Juan Pablo II?

Que hombre temía mostrar sus debilidades y cual hombre las mostró para que todo el mundo las viese?

Desprendiéndose de posesiones

Humildad y pobreza van de la mano. No porque se es pobre se adquiere humildad, mas bien por ser intencionalmente desligado del éxito o derrota comercial, atrae la misma libertad y serenidad que proporciona el tener un perfecto entendimiento de nuestro lugar en el universo. Juan Pablo II era un ejemplo primordial de esto.

Karol Wojtyla no pertenecía a ninguna orden religiosa tales como los Agustinos, Dominicanos o Franciscanos. El era un sacerdote diocesano, lo que nos dice que nunca tomo votos de pobreza. Aun así, el vivió la pobreza. Nunca tuvo una cuenta de banco o una tarjeta de crédito. Nunca poseyó algo por ningún largo tiempo. Sus amigos lamentaban que tan pronto le daban un presente, el lo daba a alguien. Lo hizo cuando sacerdote y como obispo y aun cuando fue papa.

Al final de cada día en el Vaticano, uno de los guardias Suizos iba al departamento papal a entregar la lista de visitantes para la misa de la mañana siguiente. El guardia debería ir directamente a la cocina en donde estaban las hermanas que atendían al papa. A menudo el papa estaría ahí sentado platicando con ellas. Si el papa estaba ahí el guardia nunca salió con las manos vacías. El diría algo como, "¿no nos regalo alguien una caja con botellas de vino?" Las hermanas contestaban afirmativamente y le mostraban en donde estaba. El papa diría al guardia "Llévatela y dala a los guardias allá abajo. Dales mis saludos."

Muchos de los regalos que el papa no alcanzó a dar eran repartidos durante la temporada de Navidad a todos los empleados y guardias de Vaticano. El casi nunca guardó algo para sí mismo. Aun viviendo en el suntuoso lujo del Vaticano, el encontró la forma de vivir en pobreza. Nunca se hizo una renovación a su departamento en el tiempo en que el vivió ahí porque no lo quiso y no lo necesitó.

Esta pobreza, sin embargo, no era el no tener posesiones. Era en parte el practicar un desligamiento de las cosas del mundo, cosas que pueden obstruir el valor de ver y valorizar las realidades espirituales. En esta vida es fácil enfocarse uno en la trampa visible del éxito y sentir como si el dinero y las cosas son la meta del trabajo. Si hace eso, sin embargo, peligra en permitir el deseo por las cosas obstruir el deseo por Dios. Usted puede hacer tratos, grandes tratos para obtenerlos. Puede hacer su pasión el proponérselo. El cultivarse desligado de cosas, no comprando lo que no se necesita, compartiendo con los necesitados, estar al pendiente de esta tendencia. Le libera hacer las decisiones correctas y concentrarse en la voluntad de Dios sin importar el costo. Esto refuerza la confianza en Dios.

Jesús reprimía a aquellos quienes se preocupaban demasiado por ropa y cosas, Haciendo notar que si Dios vestía a los lirios del valle, también podía proveer al hombre. El deseaba que la humanidad confiase en El. Deseaba que sus discípulos confiaran en que Dios, el padre amante les daría todo lo que necesitaban. El desea lo mismo para usted. Pobreza intencional es un acto de humildad. Es reconocer que hay alguien mas buscando nuestro bienestar y que ese bienestar depende completamente de Su misericordia mas que de nuestra habilidad de acumular riquezas.

Entonces, ¿como va a vivir? Esto no significa que tiene que trabajar gratis, ni que no debe de perseguir una promoción o un aumento de salario. Usted fue creado para excelencia y el tratar de conseguir estas metas por medio de la virtud puede ser una forma de tratar de obtener excelencia en el trabajo. Hablando de pobreza intencional la pregunta es como avalora el dinero que gana y que uso le da. ¿Usted se cree superior a otro que gana menos? ¿Se auto-colma de cosas? ¿Maneja usted un auto nuevo cada tres años? ¿Pertenece usted al mas ostentoso club de golf? ¿Coopera generosamente a causas dignas? ¿Considera usted al dinero como el fin de o como su meta principal? Esta bien tener cosas bonitas y disfrutar del fruto de nuestro trabajo? La pregunta clave acerca de pobreza intencional no es cuanto tiene usted, es el como su alma lo ve. Vale la pena el contemplar esta respuesta por algún tiempo y permitir a su comportamiento hablar en vez de sus argumentos. Yo pase varios años mintiéndome a mi mismo acerca del papel que el dinero jugaba en mi vida.

Juan Pablo practico pobreza intencional porque el ya sabia sus respuestas a esas preguntas. El ya no se interesaba en una forma u otra de posesiones materiales. Los regalos que el daba no eran importantes para el – al recibirlos o al darlos. La pobreza que vivió era espiritual mas que material. Su enfoque era Dios y la trascendencia, tan consciente de su propia insignificancia y dependencia en la gracia que el simplemente ni daba mucha importancia a las cosas. El único regalo que significaba para el era el de sí mismo. Ese era el regalo mas precioso que daba a otros y era el regalo mas preciado que el pudiese recibir de otros.

Juan Pablo II comprendió lo que en realidad es importante en esta vida. Eso no quiere decir que no tuvo comidas favoritas o que no apreciase la belleza cuando la veía. El veía la utilidad de las cosas y estaba agradecido de todo lo que el tenia. Mas las cosas no tenían poder sobre el. No le interesaban, ni le controlaban. El era libre, libre de servir, de amar y de realizar su trabajo.

Buscando la verdadera pobreza

Todos los líderes necesitan buscar esa misma libertad. Esto no quiere decir que no debe invertir en su jubilación o comprar regalos de Navidad a sus hijos. No quiere decir que debe regalar todo presente que le dan a usted. Como padre y cabeza de casa no puede hacer esas cosas y también cumplir con sus responsabilidades. Pobreza intencional es diferente para un padre de familia viviendo en el mundo que lo es para un papa celibato viviendo en el Vaticano o mujeres religiosas en un convento enclaustrado.

Cuando menos se ve diferente desde afuera, desde adentro, es muy similar. Usted quizá necesite un auto, mas no tiene que confundir su identidad o valor con el tipo de auto que usted maneje. Quizá deba de ahorrar para cuando se retire, mas no tiene que enfocar su vida en ahorrar para cuando se retire. El sol no puede salir y ponerse alrededor de su portafolio de inversiones. Su mundo no debe terminar si su negocio se acaba.

La meta es enfocarse en adquirir riqueza espiritual, no material. Como parte de eso, cuando usted puede escoger entre obtener una ganancia y ser honesto, usted tiene que seguir esa opción. La acción moral siempre tiene que sobresalir primero. Y así será, si se considera lo mas importante.

Para desarrollar un desligue de posesiones materiales, ayuda el dar generosamente. Como lo discutimos antes, el acto de hacer algo puede ayudar a producir la virtud correspondiente. Entre mas de, mas generoso se vuelve, y menos apegado a lo que posee. De forma similar, entre mas de usted de lo suyo, mas se dará cuenta de que no era suyo para empezar. Vino a usted por la gracia de Dios y por la gracia de Dios usted lo da a alguien mas.

También ayuda el que concienzudamente viva sin un nuevo auto constantemente, televisiones o lo mas ultimo en tecnología que no le son necesarios. No comer segundas porciones de postre durante las comidas, ponerse el traje del año pasado en vez de gastar cantidades considerables en uno nuevo. Todos esos son actos de auto-sacrificio, mas juntos le ayudaran a romper la cadena que le ata a la riqueza material.

Al mismo tiempo, necesita adquirir sabiduría espiritual: leer la Biblia, asistiendo a la iglesia, necesita crecer en el conocimiento de su fe, para crecer en el entendimiento de la misma. Entre mas sepa, mas entenderá. Entre mas entienda, mas creerá, y vera mas claramente lo que es importante de la vida.

La pobreza intencional tal como la humildad no son fáciles de adquirir. El límite entre el valorar con justicia las posesiones para ver si son demasiadas o son muy raquíticas, no es muy obvio. Cuando encuentre la forma de permanecer del lado derecho de la línea, encontrará la misma libertad que Juan Pablo II poseía – amar, servir y ser un verdadero líder.

***

A través de los años he escuchado muchas grandes historias acerca de Juan Pablo II de personas que conozco en el Vaticano y de otras que le conocían a el personalmente. Una de mis favoritas es una de Scott Hahn.[27] Lo menciono aquí porque no puedo pensar en ningún testimonio mas grande al desligamiento al que todos estamos llamados a practicar.

Durante los últimos años del papado de Juan Pablo II, un Sacerdote Americano asistió a una conferencia en Roma. Era el medio día del último día de la conferencia. El sacerdote entró a una iglesia a orar. Conforme se iba aproximando a la iglesia se encontró con los usuales limosneros a la entrada. De repente se detuvo porque pensó reconocer a uno de ellos. Mas descartó el pensamiento y entro a la iglesia. No podía dejar de pensar en ese limosnero, así que al salir se acerco a el. "Perdón" el dijo "¿nos hemos visto antes?" El hombre miró hacia la distancia y le contestó, "Sí, asistimos al seminario juntos y fuimos ordenados juntos en Roma."

El Sacerdote limosnero prosiguió a contar al Sacerdote Americano los horrores que había cometido en su vida y como, por haber escogido lo erróneo había envenenado y destruido su vocación. El sacerdote Americano se sintió abatido mas no supo que decir y era hora de regresar al Vaticano.

Esa tarde estaba programada una audiencia con el papa para todos los asistentes a la conferencia. El sacerdote no pudo resistir la tentación. Conforme se aproximaba a Juan Pablo dijo "Santo Papa, tiene usted que orar por este sacerdote que acabo de encontrar." Y le contó la historia.

Después de la audiencia, el sacerdote Americano regresó a la iglesia a buscar al sacerdote limosnero. Cuando lo encontró le dijo, "El papa esta orando por ti."

El limosnero lo miro y dijo, "Bueno, fabuloso… para lo que pueda eso servir."

El sacerdote continuó. "Eso no es todo. El papa y su secretario, el Obispo Dziwisz, nos han invitado a los dos a cenar hoy en la noche."

El limosnero protestó. Estaba sucio. No tenía ropa presentable. Mas el sacerdote insistió y le ofreció el uso de su baño, prestándole uno de sus trajes. Y ahí fueron.

El guardia Suizo les abrió la entrada y fueron llevados al departamento en donde el Obispo Dziwisz les saludó. El les condujo al comedor en donde el papa esperaba a la mesa. Hubo saludos y prosiguieron a servir la cena. Al finalizar el ultimo platillo el papa hizo una señal con la mano al Obispo Dziwisz. El sacerdote Americano no comprendió lo que la señal significaba pero el Obispo se puso de pié y le llamó a que le siguiese.

Los dos esperaron afuera, pasaron diez minutos. Entonces regresaron. Llegaron a tiempo para tomar del postre.

Al finalizar la visita, bendiciones y despedidas fueron intercambiadas y los dos sacerdotes bajaron la escalera hacia la Plaza de San Pedro. El sacerdote Americano estaba curioso en saber que había pasado y pregunto "¿Que sucedió esta noche?"

El limosnero contesto "No lo vas a creer aun si te lo cuento." "Cuéntame, contesto el sacerdote" "Bien, tan pronto y salieron ustedes, Juan Pablo volteó y me dijo 'Padre, ¿podría escuchar mi confesión?' a lo que contesté 'Santo Padre, yo no soy un sacerdote, soy un limosnero' y el papa contesto 'yo también, soy solamente un limosnero. Tu eres un sacerdote, y una vez que eres sacerdote eres siempre un sacerdote."

"Pero Santo Padre, no estoy en una condición aceptable con la iglesia" 'Como el Obispo de Roma puedo renombrarte aquí ahora.' fue su respuesta. 'todo lo que tienes que hacer es darme tu consentimiento.'

"¿Cómo podría yo negar mi consentimiento al Obispo de Roma?" el limosnero concluyó.

Después de escuchar la historia el sacerdote Americano dijo "Pero nosotros estuvimos afuera mas de diez minutos. No llevo el tanto tiempo confesando sus culpas."

"No" el limosnero contesto. "El termino en un par de minutos. Fue ahí que yo me arrodillé y le rogué que escuchara mi confesión. Y lo hizo. Cuando ustedes regresaban, el me preguntó a donde me habías encontrado. Cuando le contesté me dijo que me reportara al pastor mañana. Seré asignado a esa iglesia. Mi misión será asistir a todos nuestros compañeros limosneros en el vecindario. Porque eso es lo que somos todos."

Los 12 pasos a la humildad de San Benito

Hace cuatrocientos años San Benito desarrolló un programa de 12 pasos par ayudar a sus monjes a perfeccionar la virtud de la humildad. Quizás fue el primer programa de 12 pasos en el mundo.

En el libro *Reglas de liderazgo de san Benito,* Craig y Oliver Galbraith tomaron ese programa de 12-pasos y lo adaptaron en algo practico y útil para lideres de la actualidad.[28] Enseguida vemos un resumen de lo que ellos dijeron:

Paso 1: Respete las reglas simples, No se apure, Pare en la luz roja, llegue a tiempo a la meta.

Paso 2: Rechace sus deseos personales. Ayune cuando no tenga tanta hambre. Evite compras impulsivas. No coma postre.

Paso 3: Respete a aquellos en posiciones de autoridad. Pague sus impuestos. Siga el consejo de su confesor. Escriba nuevamente el reporte para su supervisor. Saque la basura para su esposa.

Paso 4:   Acepte la aflicción. Cuando le golpeen de un lado, ofrezca el otro. Cuando se sienta indispuesto, no lo vocifere. Cuando le ignoren, sonría.

Paso 5:   Confiese su debilidad. Admita cuando este equivocado. Cuando el trabajo se dificulte, hable con su supervisor de lo que posiblemente este usted haciendo mal. Haga un examen de conciencia cada noche. Asista a la confesión.

Paso 6:   Practique la tranquilidad. Maneje su coche usado. Conserve su misma casa. No compre ningún aditamento electrónico nuevo cuando el que ya tiene es lo único que necesita.

Paso 7:   Aprenda el auto-reproche: Cuándo sucede algo en casa, el trabajo o con amistades hágase usted mismo esta pregunta "¿que podía yo haber hecho diferente para haber prevenido esta situación?" Sea honesto consigo mismo.

Paso 8:   Obedezca la regla común. Guíese por la póliza de organización fielmente y de acuerdo al espíritu de la ley, no solamente la letra de la ley.

Paso 9:   Entienda que el silencio es valioso. Escuche en vez de hablar. Sea razonable y limitado con sus ordenes.

Paso 10:   Medite en humildad. Lea los Evangelios. Estudie la vida de los santos. Piense en los hombre y mujeres grandiosos que ha conocido. ¿En que forma fueron serviciales? ¿Cómo fueron ejemplares? ¿Cómo puede usted imitarles?

Paso 11:   Hable con simpleza. Hable en un bajo tono. Hable con gentileza. Tenga una palabra de aliento para todos.

Paso 12: Sea de humilde apariencia. Vístase con simpleza. Coma con simpleza. Cultive pasatiempos y gustos simples.

Preguntas Para Reflexionar

1. Describa una situación en donde su orgullo le ha conducido a actuar de una forma negativa y no aceptable. ¿Qué temía? ¿Cuáles fueron las consecuencias de sus acciones para usted y para otros? ¿Qué hubiese sido diferente si su ego no hubiese sido parte en estas decisiones?

2. ¿A que siente que esta demasiado apegado? ¿Qué es eso sin lo que usted no puede vivir? ¿Con que fin trabaja o que persigue que en realidad no necesita? ¿Por qué lo hace? ¿A la larga como le va a afectar a usted?

3. Cuales son esas tres cosas que puede hacer este mes que le ayudaran a desligarse de su adicción, orgullo y materialismo? Lo mismo que tres acciones diarias para el mismo fin.

Conclusión
De regreso en las Barracas

"Paren y reconozcan que soy Dios, muy por encima de los pueblos y muy alto sobre la tierra"

Salmos: 46-11 Niv.

El llamado vino por correo electrónico: "Mensaje del Comandante: Se necesitan Ex-Guardias para Servicio Activo."

Estaba yo asistiendo a un retiro y posiblemente no debía yo haber estado leyendo mensajes. "Leeré solamente los urgentes," es lo que me dije a mi mismo. Mas tan pronto ví de donde venia, no pude evitar el leer todo el mensaje.

Era un mensaje directo del Comandante de la guardia Suiza pidiendo ayuda a los ex-guardias, para unos días que serían muy ocupados en el Vaticano. Había treinta y tres jóvenes que serian iniciados como guardias y se necesitaba que alguien cubriese por ellos para que pudiesen, después de su juramento al papa, pasar unos días con sus familias quienes habían venido a Roma para esta ocasión. Esta fue la primera vez en la historia de la Guardia que pedían algo así.

Creo que ni termine de leer el mensaje cuando ya había enviado mi respuesta: "Favor de enviar fecha. Ahí estaré."

Fue a principios de Abril. Cuatro semanas mas tarde en Mayo 1, 2009 llegué a las barracas de la guardia Suiza en la ciudad del Vaticano. Hacia veinte años y cinco meses desde que había yo dejado la guardia.

Conversando conmigo mismo

Tanto había cambiado para mi en esas dos décadas, mas tan pronto y entre a las barracas, sentí haber regresado a mis veintidós años nuevamente. Los guardias y el papa habían cambiado, mas fuera de eso, todo era igual. Las barracas, la atmósfera, los guardias y uniformes, el lugar a donde vivían, el trabajo que desempeñaban – todo era igual que antes. Sentí casi como si hubiese retrocedido en una máquina del tiempo.

Tan pronto y me reporte, se me asignó un cuarto en las barracas, se me dieron mis utensilios y fuí de inmediato a instalarme antes de la cena. Éramos como treinta quienes habíamos respondido al llamado, varios de ellos de mi generación, de ahí que la cena fue mas que nada como una reunión. Nos sentamos y conversamos por horas. Repasamos el pasado, lo presente y todo lo demás. Después todos nos retiramos a los dormitorios. Tendríamos un día siguiente muy ocupado y ninguno de nosotros éramos jóvenes ya.

Esa noche, ya en cama note como la luz de la Plaza de San Pedro se colaba e iluminaba mi techo. De repente olas de recuerdos vinieron a mi mente. Era como si me hubiesen transportado al pasado a mi ultima noche en el Vaticano, Recuerdo haber estado despierto en mi cama bajo el mismo techo viendo esa misma luz. También recordé el miedo y la ansiedad que se apoderaron de mi entonces.

Esa noche ore como nunca. "Señor, ¿a donde me llevas ahora? ¿Qué ira a ser de mi? ¿Qué es tu plan para mi?" Sentía como que estaba yo por saltar de un precipicio. No sabia yo a donde iba a terminar, que iba yo a hacer y con quien iba yo a estar. Me estaba yendo para estar con Michelle, mas no estaba seguro de que esa era la respuesta. No sabia si mi tiempo en la guardia me ayudaría de alguna forma una vez que estuviese yo en el mundo de afuera. Era yo joven, inseguro, y no estaba cierto de tantas cosas. Conforme yo, con mis cuarenta y dos años de edad yacía en cama, podía yo repasar en mi mente las oraciones del joven de veintidós. Podía yo sentir su miedo, su excitación, sus esperanzas. Mas sabía yo lo que el no sabia. Sabia las respuestas. Sabia que me casaría con Michelle, que siempre la amaría y que después de varios años Dios nos bendeciría con un hijo para amarlo y juntos verlo crecer. También yo ya sabia la loca carrera de mi vida profesional, que habría algunas altas y otras terribles bajas , mas que todo junto del empiezo al final me acercaría mas a Dios, también estaba consciente de lo profundo que mi tiempo en la guardia y mi relación con Juan Pablo II moldearía esa experiencia.

Si fuese posible haberle confiado a ese joven toda esa experiencia del presente. También le hubiese dicho todo lo que he escrito en este libro: Sabe que has sido llamado a dar tu vida como un regalo. Ora constantemente y por todo. Busca el bien en todo. Esfuérzate en escoger el bien. Ve hacia el futuro mas vive el presente con Dios. Conoce y ama a aquellos quienes están contigo en este viaje. Se líder por medio del ejemplo. Nunca descuides las cosas mas importantes de la vida. No inviertas tu esfuerzo en cosas superfluas.

Le hubiese dicho una cosa mas. Le hubiese dicho que la llave que guarda todas esas ideas juntas y las dirige a su propio fin: Sabe que en realidad lo que quieres no es físico ni material. Si haces todo a un lado te darás cuenta que lo único que desea tu corazón es a Dios. No parará hasta descansar en Dios.

"No anden tan preocupados ni digan: ¿tendremos alimentos?, o ¿qué beberemos?, o ¿tendremos ropas para vestirnos? [32] Los que no conocen a Dios se afanan por esas cosas pero el Padre del Cielo, Padre de ustedes, sabe que necesitan todo eso. [33] Por lo tanto, busquen primero el Reino y la Justicia de Dios, y se les darán también todas esas cosas. [34] No se preocupen por el día de mañana, pues el mañana se preocupara por si mismo. A cada día le bastan sus problemas."

Mateo 6:31-34

El Objetivo Máximo

Años atrás, cuando tenia yo veintidós años deseaba yo hacer tanto – dinero, éxito, felicidad – y los deseaba en igual medida. Mi lucha por estos tres ideales me llevo en diferentes direcciones, no todas saludables. Eventualmente aprendí que ninguna de estas cosas pueden satisfacer a uno. Cada una de ellas producen algo, mas nada profundo y duradero. Si viviese yo ochenta o noventa años en uno de estos ideales mundanos, solamente le duran a uno un instante en comparación a toda una vida. Descubrí que ultimadamente hay una cosa solamente que es digna de desearse – ir al cielo a vivir en el amor de Dios eternamente.

A menudo esto es visto como un cliché o frase gastada, pero cuando se reflexiona seriamente, Santo Tomás Aquino describe el cielo en esta forma: Luz verdadera y perfecta, satisfacción total, felicidad eterna, y perfecta.

Ese es el resumen total, la perfección de cada deseo que hubiese yo haber podido tener. El cielo es donde vengo a darme cuenta por entero la belleza y felicidad de los cuales solamente tenemos una probada en esta vida terrenal. Si hay un cielo y creo que así es, es a donde deseo ir con mi familia, mis compañeros, amigos y en resumen con todos los demás.

Esto es lo que Juan Pablo II me hizo entender: Todas las áreas de mi vida presente pueden ser una probada del cielo, y nos están entrenando a ir al cielo. Algunos de los nueve principios en el libro le pudiesen inspirar a dirigir a su equipo de tal forma que su trabajo es una ayuda y no una carga en este viaje. Quizá le pueden ayudar a ver su trabajo como santificante, para usted y para los demás.

Requiere mucha dedicación y sacrificio personal ser la clase de líder que era Juan Pablo II. Mas también trae consigo una gran satisfacción y felicidad a su vida. Tiene que estar dispuesto a ser contracultural, para retar el paradigma del egoísmo en el trabajo. Un líder sirviente como Juan Pablo se encuentra dando de el mismo y acepta pagar por ese sacrificio. Mas también se experimentara una satisfacción profunda de haber hecho lo que debía hacer y no solo lo que tenia ganas de hacer. La felicidad que se obtiene de ayudar a sus empleados lograr lo mejor de ellos mismos, de premiar a sus inversionistas con ganancias financieras sólidas durante un largo plazo, de haber hecho trabajo verdaderamente honesto, es inmensurable. Es la clase de felicidad que ofrece el cielo. Esta experiencia, a su tiempo, le hará mas dedicado y entusiasta de perseguir su meta final de un día entrar ante la presencia de Dios para la eternidad.

Por supuesto que se sentirá tentación de no hacer las decisiones difíciles, de tomar la ruta corta. Siempre permanecerá un asunto de fe: Tiene que desear el cielo creer que se puede obtener para poder seguir los pasos del papa y otros grandes líderes Cristianos. Mas si lo hace, oh que gran diferencia!

El Pago Temporal

La diferencia, sin embargo, no es solamente hacia uno mismo. Empresas dirigidas por un líder fuerte y moral trabajan mejor a la larga.

Esto ha sido demostrado en años recientes por inversionistas tales como Joe Ritchie y Tom Monaghan, quienes han hecho fortunas basando sus decisiones de inversiones en un líder de carácter y con valores. También ha sido demostrado por el Instituto Ethisphere, el cual califica regularmente a las empresas con mas ética del mundo. De acuerdo a Forbes, el mercado de las compañías mas importantes calificadas por Ethisphere han crecido mas del doble a una taza de Standard and Poor (S&P) 500 en los cinco años pasados. [30]

En su libro *Capital Espiritual*, Theodore Roosevelt Malloch escribe acerca del impacto de *"Capital Espiritual"* en empresas, describiendo mas de cincuenta empresas cuyo fundador o Ejecutivo provee dirección inspirada espiritualmente. En el apéndice del libro el observa el resultado financiero de empresas tales como Herman Miller, Service Master, Franklin Resources y otras, notando que, "Estas compañías virtuosas obtuvieron buenos resultados, sobrepasando a sus competidores en varios casos en el índice de S&P, en su mayoría a través del tiempo."

El concluye sugiriendo: "¿será que la virtud recompensa en mas de una forma?" [33]

Eso no quiere decir que liderazgo virtuoso sea una garantía de éxito temporal. Como Michael Novak escribe en _Business as a Calling_ "la virtud no siempre paga con finanzas y menos a corto plazo. En efecto a menudo tiene costos. Simplemente por razones morales, sin embargo, vale la pena pagar esos precios." Como Novak mismo dijo, "El líder religioso y moral tiene varias oportunidades para hacer lo correcto e insistir lo mismo de la empresa. Los empleados se complacen en saber que trabajan para una asociación seria y moral." [32]

Administradores se complacen en dirigir tales empresas también. No hay satisfacción en administrar una empresa corrupta. No hay satisfacción en separar su vida profesional y personal. No hay satisfacción en pensar que tal separación es necesaria.

He conocido ejecutivos quienes ven su vida de trabajo como una distracción no muy agradable de su vida personal, quienes tienen la idea que la virtud y liderazgo empresarial son demasiado opuestos. Piensan que uno no puede beneficiarse teniendo utilidades y bonanza simultáneamente. También he conocido bastantes ejecutivos quienes consideran su vida personal como una distracción de su trabajo y no creen en absoluto en verdad, virtud o bonanza .

Esas formas de pensar están erróneas. Están basadas ya sea en un dualismo peligroso que separa lo espiritual de lo material o en un relativismo que niega la realidad objetiva. Ambas niegan lo verdadero y ambas niegan al Dios quien se hizo hombre. Niegan al Dios que trabajó como carpintero, busco ganancia en su profesión, y de esas ganancias ayudó a su madre. Ellos niegan todo lo que la encarnación hizo posible para cada uno de nosotros.

Juan Pablo II no negó ninguna de esas cosas. El vio mas que solamente valor en el trabajo. El vio trabajo como una ruta al cielo. El vio al hombre convertirse en verdaderamente hombre a través del trabajo. Me enseñó a ver lo mismo también. Me llevó mas tiempo del que hubiese querido el aprender la lección. Hubo varios descalabros y dolores hasta que lo comprendí. Mas al final valió mucho la pena. Dios sobrepasó mis expectativas mas extraordinarias y calmó mis mas profundos temores. El hizo eso en gran parte a través de el testimonio de un hombre, mas que ningún otro que pude haber conocido. Juan Pablo II me mostró lo que verdadero liderazgo debe ser. El lo modeló para mi al igual que lo modeló para el resto del mundo. Eso ha hecho una gran diferencia en mi vida.

Acostado esa noche en el Vaticano finalmente comprendí todo. Complete la oración de cuando tenía veintidós años con una alabanza de agradecimiento. Di gracias a Dios por darme los ojos para ver lo que el tenia para mi y le di gracias por poner en mi camino a Juan Pablo II para imitar y servir. Finalmente descansé sintiéndome seguro que sabía lo que yo quería y confiando completamente en el camino que me conducía ahí. La ruta que Juan Pablo II nos trazó a usted y a mi.

Reconocimientos

El realizar y escribir este libro ha sido un proceso largo; mi mas sincero agradecimiento a todos los que contribuyeron en su formación: leer el manuscrito, haciendo comentarios, ayudando a publicarlo y a promoverlo, Nunca me imagine que escribir un libro requeriría todo un equipo.

Sin el amor, apoyo, consejos y entusiasmo incondicional de mi esposa, Michelle, este libro nunca pudiese haber sido escrito y publicado. Michelle, te amo – siempre te he amado y siempre te amaré.

Deseo agradecer a mis padres por darme vida y ser mis modelos de como vivir la fe.

En gratitud hacia mi colega y amigo Mike Fairbanks. Nuestras muchas conversaciones me inspiraron en este libro y el se mostró entusiasta y me animo desde el primer momento que vio un bosquejo. Sus comentarios críticos y creativos dieron mas lógica a este libro y lo hicieron mas legible.

Mi agradecimiento a George Weigel por contribuir con la introducción y por haberme guiado y aconsejado durante todo el proceso.

A Bob Allard y Scott Landry, amigos fieles, críticos confiables, partidarios entusiastas. Es un privilegio ser amigo de ustedes.

Mi profundo agradecimiento a Elizabeth Hooper quien leyó y comentó en cada página (incluyendo muchas páginas ahora descartadas) y cuyas ideas, sugerencias y advertencias resultaron en incontables mejoras. Su persistencia extraordinaria y trabajo arduo hicieron este libro mucho mejor de lo que yo pudiese haberlo hecho.

Un numero de amigos y colegas contribuyeron con su consejo y asistencia. Estos incluyen: El Cardenal Peter Turkson y Michael Novak, quienes me dieron un gran impulso y valiosa inspiración durante todo el proceso. Mi agradecimiento a Peter Gori, O.S.A., Arthur Johnson O.S.A., Rosario y Gerard Schultz, Carmen Lee Schultz, Rd. Roger Landry, Fr. John Grimes, Sebastian Seromik, Magdalena Krzystolik, Thomas Howard, Irene Lagan, Charles Harper, John Lativiere, Kay McAvoy, Jo Tango, Karl y Elizabeth Wirth, Jan-Hein Cremers, Al Lagan, Tim VanDamm, Michael y Catherine Pakaluk, Michael y Caitlin Raeger, Michael Czerny S.J., Patrick Novecosky, Joan Lewis, Tom Peterson, David George, Joe Gemmell, Richard Omohundro, Andrew LaVallee, Anna Halpine, Fr. Robert Sirico, Sam Gregg, Michael Miller, Kishore Jayabalan, Cardinal Sean O'Malley, Archbishop James Harvey, Monsignor Camille Perl, The Brotherhood of Hope, Marie Oats, Claire Huang, Mark Wildermuth, Rich Swanso, Martin Doman, Mauro De Lorenzo, Christophg Wassermann, St. Catherine O'Connor, David Howlett, David y Angela Franks, Bob Keith y Mary Matalin.

Muchas gracias a la guardia Suiza del Pontífice por las oportunidades, recuerdos, dirección y confianza que me dieron. Especialmente al Comandante Daniel Anrg, Vice-Comandante Christoph Graf, a Matthias Widmer, Michael Widmer, Roland Huwiler, Franziskus Karlen, Bernard Moret, Daniel Wicki. Hermann Baettig, Stefan Meier, Stefan Huesler, Martin Utz, Erwin Niederberger, Frowin Bachmann, Mario Enzler, Roman Fringeli, Andreas Clemenz, Pirmin Zinsli, Graziano Rossi, giovanni Roggen, y a todos los guardias en servicio activo y aquellos retirados, Esta no solo es mi historia. Es nuestra historia. Cincuenta por ciento de mis regalías serán destinadas para las necesidades educativas de los guardias Suizos. *Acriter et Fideliter!*

Deseo agradecer al equipo de la editorial Emaús por la confianza que depositaron en mi y su compromiso de hacer de este libro una realidad, especialmente a Michael Sullivan, Emily Stimpson, Shannon Hughes y Eric Stoutz.

Mi agradecimiento muy especial para mi sobrina, Karin Rabensteiner, por el diseño de la cubierta y por demostrarme que el diseño es tan importante como las palabras.

Mi profundo agradecimiento a la Fundación John Templeton, sin su apoyo muchas de las ideas en este libro no hubiesen sido realizadas.

Gracias al grupo Fresh Tilled Soil por su experiencia y paciencia en trabajar en la página-Web del libro thepopeandtheceo.com.

Sobre todo mi agradecimiento a todos aquellos quienes han orado conmigo y por mi y me dieron entusiasmo a través de los años.

De igual manera, me gustaría darle las gracias, de manera muy especial, a mi suegra Rosario Schultz-Alvarez, quien tradujo este libro del Inglés al Español, con gran esmero, asuididad y dedicación. ¡Gracias mamá!

Ad Majorem Dei Gloriam

Notas Finales

1. Papa Juan Pablo II, Saludo para el Jubileo de Trabajadores (Mayo 1, 2000), no. 3, obtenible de http://www.vatican.va.

2. Papa Juan Pablo II, Homilía para el Jubileo del Apostolado de los Laicos (Noviembre 26 2000), no. 3, obtenible de http://www.vatican.va

3. Karol Wojtyla, *Love and Responsibility* (San Francisco: Ignatius Press, 1981), 82.

4. Wojtyla, *Love and Responsibility,* 82.

5. Wojtyla, *Love and Responsibility,* 257.

6. Jarol Wojtyla. *The Way to Christ: Spiritual Exercises (San Francisco: HarperOne, 1994), 19-20.*

7. *Vea por ejemplo, Wojtyla. The Way to Christ: Spiritual Exercises, 6.*

8. *En 1979, dos años antes del atentado al papa Juan Pablo II, Ali Agca asesinó a Abdi Pekçi un periodista y activista de derechos humanos Turco. En 2000 después del perdón por el atentado, Agca fue extraditado a Turquía en donde fue aprisionado por el asesinato de Pekçi y otros crímenes.*

9. *Wojtila, The Way to Christ: Spiritual Exercises, 67.*

10. Para un profundo tratamiento de la oposición al comunismo de Juan Pablo II y Ronald Reagan, ver John O'Sullivan's *The president, The Pope and the Prince Minister: Three Who Changed the World (*Washington, DC: Regnery Publishing, 2006) y *The End and the Beginning: Pope John Paul II. The Victory of Freedom the Later Years, The Legacy* de George Weigel, (New York: Doubleday, 2010).

11. Wojtyla, *Love and Responsibility,* 41

12. La estructura también es llamada " Norma Personalista." "La persona es un individuo para quien la única adecuada y propia actitud es amor." Negativamente definida, la Norma Personalista "afirma que la persona es la clase de individuo quien no permite el uso y no puede ser tratado como un objeto de uso y como tal como el medio hacia un fina*l" (Wojtila, Love and Responsibility*, 41).

13. Papa Juan Pablo II, Carta Encíclica sobre la Redención y la Dignidad del Hombre *Redemptoris Hominis* (Marzo 4, 1979), no. 15, obtenible de http://www.vativan.va/holy_father/john_paul_ii/encyclicals/documents/hf_jp-ii_enc_04031979_redemptor-hominis_en.html.

14. Juan Pablo II, Discurso a la Asociación Diplomática (Enero 13, 20030, 2, obtenible de http://www.vatican.va/holy_father_john_paul_ii/speeches/2003/january/documents/hf_ip_ii_spe_20030113_diplomatic-c orps_en_html.

15. cf. Salmo 1:1-5: Dichoso el hombre que no va a reuniones de malvados, ni sigue el camino de los pecadores ni se sienta en la junta de burlones, mas le agrada la Ley del Señor y medita su ley de noche y día. Es como árbol plantado junto al río, que da fruto a su tiempo y tiene su follaje siempre verde. Todo lo que el hace le resulta. No sucede así con los impíos: son como paja llevada por el viento. No se mantendrán en el juicio los malvados ni en la junta de los justos los pecadores Porque Dios cuida el camino de los justos y acaba con el sendero de los malos.

16. El testamento de Juan Pablo II es obtenible de http://www.vatican. va/gpII/document/testamento-jp-ii_20050407_en.html.

17. Tal como escuche decir al Profesor Kenneth Goodpaster de la University of St. Thomas.

18. Eric Krell. "Do They Trust You?," HRMagazine, Junio 1, 2006, human/1180922-1.html.

19. Juan Pablo ii, *Crossing The Threshold of Hope* (New York: Alfred A. Knopf.Inc., 1994) obtenible de http//frcoulter.com/books/Crossing ThresholdHope/chap19.html.

20. Aristóteles, Retórica 1380b36-1381a2

21. Wojtyla, *Love and Responsibility, 83.*

22. Henry Bettenson, ed., *Documents of the Christian Church* (New York: Oxford University Press, 1970), 116-128; XLVIII.

23. C.S. Lewis, *The screwtape Letters* (New York: Mc Millan Publising, 1982), 67-69

24. Cf. 1 Corintios 9:24-27: "En cualquier competencia los atletas se someten a una preparación muy rigurosa, y todo para lograr una corona que se marchita, mientras que la nuestra no se marchita. Así que no quiero correr sin preparación, ni boxear dando golpes al aire. Castigo mi cuerpo y lo tengo bajo control, no sea que después de predicar a otros yo me vea eliminado."

25. Craig S. Galbraith y Oliver Galbraith, *The Benedictine Rule of Leadership: Classic Management Secrets You Can Use Today* (Avon, MA: Adams Media 2004). 115.

26. Kenneth Blanchard, *The Power of Ethical Management* (New York: William Morrow & Co., 1988) 49.

27. Scott Hahn, *"On The Lord's Prayer" (discurso en la conferencia para los Boston Catholic Men, Marzo 4, 2006.)*

28. Galbraith y Galbraith, *The Benedictine Rule of Leadership, 119-122.*

29. *"Thanksgiving After Mass,"* obtenible de: http://www.ibreviary.com/m/preghiere.php?id=207.

30. *Sharon Allen, The New ROE: Return On Ethics,"* Forbes (July 21, 2009), obtenible de www.forbes.com/2009/07/21/business-culture-corporate-citizenship-leadership -ethics-html.

31. Theodore Roosevelt Mallock, *Spiritual Enterprise* (New York: Encounter Books, 2008), 147.

32. Michael Novak, *Business As A Calling: Work and The Examined Life* (New York: The Free Press, 1986), 168. Novak tiene un grupo de listas muy útiles de responsabilidades administrativas internas y externas en ese mismo libro, empezando en la pagina 134, la cual recomiendo a lectores interesados.